비어 있으면
쓸모 있나니

이 책은 한국출판문화산업진흥원의 2014년 〈우수 출판콘텐츠 지원 사업〉 당선작입니다.

2014년 12월 15일 제1판 제1쇄 발행
2018년 4월 30일 제1판 제3쇄 발행

지은이　최은숙
그린이　한단하
펴낸이　강봉구

편집　황영선
디자인　비단길
캘리그라피　훈민정필(송병훈, hoonie59@hanmail.net)
인쇄제본　(주)아이엠피

펴낸곳　작은숲출판사
등록번호　제406-2013-000081호
주소　413-170 경기도 파주시 신촌로 21-30(신촌동)
서울사무소　100-250 서울시 중구 퇴계로 32길 34
전화　070-4067-8560
팩스　0505-499-8560

홈페이지　http://cafe.daum.net/littlef2010
페이스북　http://www.facebook.com/littlef2010
이메일　littlef2010@daum.net

ⓒ최은숙, 한단하

ISBN 978-89-97581-64-1 43140
값은 뒤표지에 있습니다.

내 인생의 첫 고전 노자

노자

최은숙 글
한단하 그림

작은숲

차례

누더기 속에 옥玉을 품고

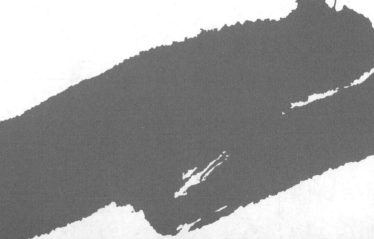

2 분별을 끊고, 알음알이를 버리면

3 하늘을 섬기는 데 아낌 만한 것이 없다

어떤 것을 가려내어 물리치지 않으며

이 책을 읽는 여러분에게

1

제가 고전을 읽기 시작한 것은 이러저러한 일로 마음이 힘들 때였습니다. 어려운 일을 혼자 해결하기가 쉽지 않을 때, 이러한 일이 있는데 어떻게 하면 좋겠냐고 친구에게 묻기도 하고 부모님께 털어놓기도 하죠. 저도 같은 심정으로 옛적 어르신들의 글을 찾아 읽게 되었어요. 그 첫 번째 책이 《노자》입니다. 2천4백 년 전에 살았다는 이 할아버지께서는 나에게 어떤 말씀을 들려주실까? 귀 기울이며 읽었습니다.

처음엔 잘 이해할 수 없었어요. 노자 할아버지의 말씀이 어렴풋이나마 들리기 시작한 것은 책을 중간쯤 읽었을 때였습니다. 이것 아니면 저것, 하는 식의 사고 구조로는 할아버지의 말씀을 알아들을 수 없어요. 할아버지는 그것을 '분별심'이라고 하셨어요. 우리의 언어 표현은 분명하지요. 좋다, 아니면 싫다. 악하다, 아니면 선하다. 우리 마음이 그렇기 때문이에요. 우리는 어떤 일에 대해 순식간에 판단해요.

이건 불행한 일이야, 아니면 아! 행운이 찾아왔어. 사람을 만나도 그
렇죠. 야, 멋진 걸? 혹은 아주 비호감이야. 하고 말이죠. 그렇게 금을
긋는 습관을 버리는 훈련을 하면서 할아버지의 말씀이 하나하나 헤
아려지기 시작했어요.

분별하고 판단하는 습관에서 벗어나야 세상의 참모습이 보이기 시
작합니다. 온 세상이 한 송이 꽃이라는 할아버지의 말씀이 비로소 이
해됩니다. 할아버지는 능청스럽게도 이렇게 말씀하셨어요.

"내 말은 알아듣기도 쉽고 실천하기도 쉬운데 사람들은 왜 어렵다
고들 하는지 모르겠어."

2

친구들과 일주일에 한 번 모여 《노자》를 읽고 이야기를 나누면서
점점 자유롭고 가벼워지는 나를 느낄 때마다 참 행복했어요. 힘든 일

을 당장 해결하는 것이 중요한 게 아니었어요. 사람이 살아가는 동안 일은 늘 모양을 바꾸며 다가오게 되어 있는 것이니까요. 그것은 '공부할 문제'였어요. 왜 이런 일이 나에게 생겼을까? 내가 이 문제로부터 배워야 할 것이 무엇일까? 저의 질문은 그렇게 바뀌었지요. 배운 뒤에는 그 일이 나에게 별일 아니게 돼요. 그만큼 성장한 것이죠.

공부하는 사람은 무슨 일이든 그 문제로부터 배울 자세가 되어 있기 때문에 누가 보아도 여유롭고 평화로워요. 많은 사람의 친구가 되어줄 힘이 생겨요. 자신의 삶을 주위 사람들과의 관계 속에서 평화롭게 완성해 나가는 힘이죠. 옛 어른들도 공부를 통해 그런 사람이 되셨지요.

여러분의 삶도 가볍지 않죠. 성적이 오르지 않아서, 친구들과의 관계가 원만치 않아서, 괴롭히는 선배 때문에, 부모님과 소통이 되지 않아서, 집이 너무 가난해서, 이성 친구와의 관계 때문에…… 수많은 상황 속에서 고민하지 않을 수 없어요. 교사인 제가 먼저 뾰족한 방법 없이 앓고 난 끝에 경험한 공부의 힘을 어떻게 하면 우리 학생들

에게 쉽게 전해줄 수 있을까, 염려하고 고심하면서 노자 할아버지의
이야기를 풀어 보았어요.

조그만 학교와 성당이 있는 작은 마을이 이 책의 배경이에요. 일상
에서 일어나는 크고 작은 갈등을 아이들이 어떻게 해결해 나가는지,
문득 옆에 와 계시는 노자 할아버지는 그때 뭐라고 말씀하시는지, 아
이들의 놀이터인 성당의 신부님과 학교의 선생님과 마을 사람들, 그
리고 아이들 사이에 어떤 아름답고 행복한 배움이 일어나는지에 대
해 썼어요. 이 책이 여러분의 저 깊은 내면에 이미 간직된 진정한 힘
과 지혜를 스스로 발견하는 데 징검돌이 되었으면 좋겠습니다.

3

부족한 글을 연재해 주신 월간 〈소년〉에 감사드립니다. 등장인물
들의 모델이 되어 주신 저의 스승님들, 이현주 목사님과 단비 교회

정훈영 목사님, 그리고 원고를 읽어 주시고 도움 말씀 주신 공주대학교 권정안 교수님께 감사드립니다. 충분히 소화하지 못했지만 스승님들의 가르침을 따라가고자 애썼다는 것에 위안을 삼으며 부디 저의 부족함이 그분들께 누가 되지 않기를 바랄 뿐입니다. 책의 갈피마다 자리하고 있는 친구들, 마음을 나누는 이웃들, 저와 배움을 나누는 학생들에게 사랑을 전합니다. 교정을 꼼꼼하게 보아 주신 유구중학교의 김영희 선생님, 봉황중학교의 김정민 선생님, 김기영 선생님, '열세 살, 내 인생의 첫 고전'을 기획하고 원고를 격려해 주신 작은숲 출판사의 강봉구 선생님, 고맙습니다. 그리고 노자 할아버지의 말씀을 아름다운 그림으로 표현해 준 단하야, 기쁘고 고맙다.

2014년 11월 최은숙

일러두기

🔅 학생들의 이해를 돕기 위해 직역하지 않은 부분이 있으나, 대신 각 장마다 원문을 싣고 군더더기 없는 해석을 덧붙여 놓았습니다. 우리가 부딪치게 되는 갖가지 상황에서 떠올리고 힘을 얻을 수 있는 노자 할아버지의 말씀을 소개했으므로 글의 순서는《노자》원문 순서와 일치하지 않습니다.

비어 있어서 쓸모가 있다

누더기 속에 옥포을 품고

큰 병통을 제 몸처럼 귀하게 여기니

착하지 못한 사람 또한 착하게 대하기

빛을 감추어 먼지와 하나로 되고

하늘과 땅은 사랑을 베풀지 않아

사욕이 없어서 큰 나를 이룬다

1

누더기 속에 옥玉을 품고

비어 있어서 쓸모가 있다

當其無 有器之用 당기무 유기지용

우리 동네에는 은행나무 한 그루가 마당을 노랗게 물들이는 작은 성당이 있어요. 가을이 지나고 겨울이 오면 흰 눈이 성당의 지붕과 마당과 마당의 은행나무 가지를 포근하게 덮고, 신부님은 아궁이에 불을 때지요. 우리 동네 아이들은 성당 뒤뜰에 있는 신부님 댁에서 노는 걸 좋아해요. 아무리 시끄럽게 떠들고 쿵쿵 뛰어다니면서 놀아도 야단치지 않으시거든요.

노자 할아버지를 처음 만난 곳도 여기 성당이에요. 그날은 참 이상했어요. 아이들이 신부님 댁 사랑방 따스한 아랫목에 모여 앉아 찰흙으로 만들기 숙제를 하고 있는데 할아버지는 만나기로 약속을 한 것처럼 반가운 미소를 띠고 방에 들어오셨어요. 모자를 쓰고 피리를 하나 들고 말이에요. 아이들도, 아이들 곁에서 이야기를 나누던 어른들도 잘 아는 동네 할아버지를 만난 것처럼 아무렇지도 않게 할아버지를 맞이했어요.

아무 때나 풀어놓지 않아서 그렇지 할머니, 할아버지들은 엄청나게 큰 이야기보따리를 하나씩 갖고 있어요. 한평생 많은 일을 보고 듣고 겪어 오셨으니까요. 신부님과 어른들이 할아버지께 한 말씀 듣기를 청하셨어요. 그런데 할아버지는 이상한 말씀을 하셨어요.

내 말은 알기 쉽고 따라 하기도 쉬운데
세상 사람들이 알아듣지 못하고 실천하지 못한다오.

무슨 말일까요? 어려운 수학문제를 푸는 것도 아니고 쉬운 말이라면 알아듣지 못할 리가 없잖아요? 실천하기 쉬운 가르침인데 왜 사람들이 그렇게 하지 못한다는 걸까요? 서툴지만 정성껏 컵도 만들고 밥그릇도 만드는 아이들의 머리를 쓰다듬으시면서 할아버지가 말씀하셨어요.

찰흙을 이겨서 그릇을 만드는데,
그릇은 비어 있어서 쓸모가 있지.

어른들은 고개를 갸우뚱했어요. 텅 비어 있는 그릇보다는 과자든, 사탕이든, 지우개나 머리핀이라도 가득 들어 있는 그릇이 더 쓸모가 있는 게 아닐까요? 사람도 마찬가지잖아요? 시험 성적이 나쁘면 엄마가 야단을 치시죠.

"도대체 네 머릿속엔 뭐가 들었니? 그렇게 맨날 게임만 하고 공부를 안 하니 머리가 텅텅 비는 거야. 공부를 잘하나, 심부름을 잘하나, 아무짝에도 쓸모가 없어."

이런 꾸중 안 듣게 공부 열심히 해서 머릿속을 알찬 지식으로 꽉 채우면 백 점도 맞고 일 등도 하니까 좋잖아요. 똑똑하다는 칭찬도 받고요. 그런데 할아버지는 그릇이든 사람이든 깨끗이 비어 있어야 제대로 된 쓰임을 받는다고 말씀하셨어요. 어른들은 얼른 못 알아듣는데 아이들은 당연하다는 듯 대답했어요.

"맞아요. 시원한 물을 한 잔 마시고 싶은데 한 개밖에 없는 컵에 콜라가 담겨 있으면 물을 마실 수 없어요. 컵을 비워야 해요."

어른들은 깜짝 놀랐어요. 무엇인가를 담기 위해선 비어 있는 그릇이 필요하다는 사실을 알고는 있었는데, 왜 못 알아들었을까요? 그래요. 많이 배워야 한다, 아는 것이 힘이다, 똑똑한 사람이 되어야 한다, 그런 말들에 길이 들어서 정말 쉬운 이야기도 이해하지 못하게 된 거지요.

나는 어떤 그릇일까?

내게 와서 담기는 것들이 나의 모습이 돼요. 아름다운 것들을 담는 그릇이 되고 싶지 않나요? 새봄, 들판에 처음 돋아나는 새싹과 꽃잎에 맺히는 아침 이슬, 부드러운 바람, 시냇물에 반짝이는 햇살, 친구

를 사랑하는 마음…….

그러기 위해서는 먼저 내 마음의 그릇에서 깨끗이 닦아 내야 할 것이 있는지 살펴야겠지요.

성경엔 이런 이야기가 있어요.

그때에 제자들이 예수님께 다가와 '하늘나라에서는 누가 가장 큰사람입니까?' 하고 물었다. 그러자 예수님께서 어린이 하나를 불러 그들 가운데 세우시고 이르셨다. '내가 진실로 너희에게 말한다. 너희가 회개하여 어린이처럼 되지 않으면, 결코 하늘나라에 들어가지 못한다.

(마태 18, 1-3)

예수님께서는 아직은 깨끗한 그릇인, 가장 작고 낮은 어린이들을 사랑하셨어요. 어른들은 뭘 많이 안다는 착각과 자기만 옳다고 생각하는 독선으로 자신을 채우고 있기가 쉬워요. 예수님과 노자 할아버지를 만난 뒤에 신부님은 친구들과 경쟁하느라 밤을 새우며 공부한 것을 후회하셨대요. 똑똑한 사람이 되려고 수많은 책을 읽은 것도 마찬가지고요.

하지만 공부를 그만두신 것은 아니랍니다. 지금은 모두가 함께 행복하고 평화로운 세상을 살기 위해 어떤 사람이 되어야 할까를 생각하면서 공부하고 책을 읽으신대요. 얼마나 행복할까요? 그런 공부를 하면 일 등을 해도 우쭐할 것 없고 꼴찌를 해도 부끄럽지 않을 거예요. 하느님의 성품이 오롯이 담긴 그릇이 된 다음부턴 우리가 하는 모든 일이 하느님 그분의 일이니까요.

참, 소개가 늦었어요. 노자 할아버지가 누군지, 어디에 사시는지 궁금하지요? 사마천이 쓴 《사기열전史記列傳》이란 책에는 중국의 초楚나라에서 태어난 사람이라는 기록이 있어요. 어머니 뱃속에 81년을 있다가 태어나서 태어날 때 이미 머리가 하얗게 세어 있었대요. 주周나라 왕실의 책을 관리하는 일을 했다는 말도 있어요. 하지만 사마천도 노자 할아버지에 대해서 다른 여러 가지 설들이 있다고 했어요. 심지어는 실재 인물이 아니라 상상 속의 인물이라는 주장도 있고, 반대로 한 사람이 아니라 여러 사람이라는 전설도 있어요. 참 신비로워요. 혹시 마법사이신가? 2천4백 년 전에 살았던 노자 할아버지가 어떻게 우리 동네에 오셨을까요? 마실 오시듯이 말이에요.

삶을 아름답게 이끌어 주실 스승님을 늘 꿈꾸고 살면 노자 할아버지도 만나고 예수님도 만날 수 있다고 신부님께서 말씀해 주셨어요. 그날 할아버지께서는 사랑방 달빛이 환한 들창 앞에 서서 피리를 불어 주셨어요. 피리는 할아버지의 소중한 친구래요. 바람이 드나들며 할아버지의 연주를 돕도록 자신을 텅 비우는 멋진 피리! 모두가 행복한 밤이었어요.

우리도 바람과 햇빛과 예쁜 꽃들과 시냇물 소리, 친구들의 마음, 세상의 아름다운 꿈을 노래하는 하느님의 작은 피리가 되었으면 좋겠어요.

70장 吾言오언은 甚易知심이지 하고 甚易行심이행 이나
天下莫能知천하막능지 하고 莫能行막능행 이니라.

내 말은 매우 알기 쉽고 따라 하기도 쉬운데
세상 사람들이 알아듣지 못하고 실천하지 못한다.

11장 埏埴以爲器선식이위기 로되, 當其無당기무 하여
有器之用유기지용 이라.

찰흙을 이겨서 그릇을 만드는데,
그릇은 비어 있어서 쓸모가 있다.

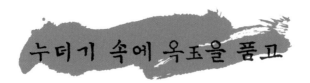

누더기 속에 옥玉을 품고

聖人 被褐懷玉 성인 피갈회옥

겨울잠을 자던 개구리가 깜짝 놀라서 깨어난다는 경칩驚蟄.

아침부터 봄비가 촉촉하게 내리고 있어요. 몇 송이 때늦은 봄눈도 흩날렸어요. 긴긴 겨울을 보내면서 사람들은 이제나저제나, 봄을 기다리지요. 영영 오지 않을 것 같은 새봄은 어느 날 문득 꽃신을 신고 사뿐, 마을로 들어서요. 보랏빛 앙증한 개불알풀꽃들은 햇볕 따스한 길가에 올망졸망, 다랑논이 구불구불한 산비탈은 구름같이 하얀 조팝꽃을 피워 내고요, 연분홍 벚꽃들은 산모롱이에 환하게 붓질을 해요.

한겨울에 꽁꽁 얼어붙은 땅을 디뎌 보세요. 삭막한 바람에 흔들리는 나뭇가지를 보세요. 겨우내 찬바람과 눈보라 속에서 얼어붙은 듯 죽은 듯 서 있는 나무들과 풀 한 포기 나지 않을 것 같은 들녘이 예쁘고 환한 꽃들을 보이지 않게 품고 있다는 게 믿어져요?

새봄을 맞는 새 학기 첫 달은 참 힘겨워요. 무서운 선생님이 담임이 되면 어떻게 하나 조마조마하고 우리 반에 힘센 '짱'이 들어와서 시비를 걸까 봐 긴장도 돼요. 선생님이 정해 준 자리가 마음에 안들 수도 있고 모두 싫어하는 친구가 내 짝꿍이 될 수도 있어요. 여러분의 교실에도 머리를 자주 안 감고 옷을 잘 빨아 입지 않아 냄새가 나고 공부도 잘 못하는 친구가 있나요? 아무도 그 아이와 놀지 않죠? 아무 잘못도 하지 않았는데도 괜히 욕하고 때리고, 같이 그 아이를 괴롭히지 않으면 자기도 왕따가 될까 봐 마음에도 없이 잔인한 폭력에 끼어들고요.

노자 할아버지께서,

성인은 갈옷 속에 옥을 품고 있단다.

하고 말씀하신 적이 있어요. 갈옷을 입고 옥玉을 품고 있다는 '성인聖人'은 어떤 사람일까요? 갈옷은 거친 삼베나 혹은 거친 털로 짠 옷이에요. 부자나 높은 신분을 가진 사람이 입는 비싼 옷과는 거리가 먼 옷이죠. 우리말로 하면 '누더기' 정도 되겠어요.

우리 동네에는 동이라는 아이가 살아요. 동이는 말이 없어요. 어쩌다 입을 열어도 시원하게 말을 하지 못하고 더듬거려요. 처음부터 그렇지는 않았는데 하나뿐인 여동생이 교통사고를 당해 세상을 떠난 뒤부터 말이 없어지더니 그렇게 되었어요. 공부도 열심히 하지 못했어요. 담임 선생님은 아이들이 동이를 괴롭힐까 봐 걱정하셨어요. 학교에 가면 아침에 핸드폰을 걷어갔다가 저녁에 집에 갈 때 돌려주지요? 동이는 그 일을 하게 되었어요. 선생님은 도서실에서 비어 있는 상자를 하나 가져다 주셨어요. 가끔 출판사에서 여러 권의 책을 종이 상자에 담아 한 질로 판매할 때가 있어요. 버리기가 아까워서 책꽂이 위에 놓아두었는데 쓸모가 생겼어요.

　동이는 상자 안에 반 친구들의 핸드폰을 차곡차곡 모아 두었다가 저녁에 나눠 주는 일을 일 년 내내 정성껏 했어요. 마치 그 일을 하러 학교에 오는 것 같았어요. 모양만 보고도 누구 것인지 알고 상자를 들 때 느껴지는 무게감만으로도 몇 명이 안 냈는지 알 정도였어요. 종이 상자는 시간이 흐르면서 모서리가 닳아 떨어지곤 했는데 그때마다 선생님께 테이프를 얻어서 붙이고 또 붙이면서 조심조심 사용했어요.

　옷이 남루한 아이, 말이 없는 아이, 친구들 앞에서 눈물을 보이는 약한 아이들은 집중적으로 괴롭힘을 받기 쉬운데 담임 선생님께서 보시기엔 동이도 그런 아이였어요. 그런데 시간이 흐르면서 동이네 반 아이들은 동이의 종이 상자 안에 스스로 핸드폰을 넣어 두기 시작했어요. 다른 반 아이들은 간혹 선생님 몰래 핸드폰을 내지 않고 수업시간에 장난을 치기도 했지만 동이네 반에서는 아무도 그러지 않았어요. 마치 세상에서 가장 소중한 일을 하는 것 같은 동이의 태도가 친구들을 달라지게 한 거예요.

"우리 반에 성자聖子가 왔구나, 동이야말로 누더기 속에 옥玉을 품고 있는 사람이구나. 우리 반 아이들이 그것을 보았구나."

동생을 잃은 슬픔을 딛고 세상으로 나오는 동이를 보면서 담임 선생님은 그렇게 생각했어요.

학교 뒷마당에서 학급잔치를 할 때, 동이는 다른 친구들과 전혀 다르지 않았어요. 웃고 뛰어다니고 맛있게 먹었어요. 노릇노릇하게 잘 구운 삼겹살에 새콤달콤한 파채와 매콤한 마늘이랑 쌈장을 얹은 상추쌈을 선생님의 입에 넣어 주었어요. 친구들에게 김치를 얻어오기도 했어요. 친구들도 동이에게 쌈장을 얻어 가고요.

사도 바울로가 고린토 교회 사람들에게 보낸 두 통의 편지 중에 이런 이야기가 있어요.

우리는 보이는 것에 눈길을 돌리지 않고 보이지 않는 것에 눈길을 돌립니다. 보이는 것은 잠시뿐이지만 보이지 않는 것은 영원하기 때문입니다.

(2코린 4, 18)

속에 보배를 품은 사람은 아무리 초라한 모습을 하고 있어도 부끄럽지 않고 누가 손가락질하고 비웃어도 슬프거나 분하지 않대요. 그런 사람을 옛적 어르신들은 '성인聖人'이라고 불렀어요.

동이가 품은 보배는 무엇일까요? 남들이 하찮게 볼 수 있는 사소한 일이 동이에게 가면 아주 귀한 일이 되었어요. 정성을 다했어요. 그 마음이 자신과 친구들을 한 뼘 자라게 했어요.

하느님의 눈으로 보면 겨울나무에서 봄날의 싱그러운 새싹을 볼 수 있고 얼어붙은 땅속에 숨은 앙증맞은 봄꽃들을 그릴 수 있어요. 겉으로 드러난 모습만 보고 친구를 경멸하거나 괴롭히는 사람은 자랑할 만한 것을 가지고 있지 않은 가난한 사람이에요.

옷차림이 초라한 친구, 공부를 못하는 친구, 힘이 없는 약한 친구가 여러분의 짝꿍이 될 때, 노자 할아버지의 말씀을 한 번 가만히 뇌어 보세요.

'성인은 누더기 옷 속에 옥을 품고 있다.'

그리고 자신이 보잘것없는 사람이라고 생각될 때, 그래서 슬플 때, 자기가 품고 있는 구슬을 생각해 보세요. 하느님은 우리 모두에게 아주 귀한 것을 주셨다고 했어요. 누구 앞에서도 당당하게, 평화롭게 어울려 살아갈 수 있게 하는 힘을 가진 옥구슬, 잠깐 있다가 사라지는 것이 아니라 영원히 간직할 수 있는 보배구슬이에요. 선물을 받고 풀어 보지도 못한다면 정말 안타까운 일 아니겠어요?

70장 聖人성인은 被褐懷玉피갈회옥이라.

성인은 갈옷 속에 옥을 품고 있다.

큰 병통을 제 몸처럼 귀하게 여기니

寵辱若驚 貴大患若身 총욕약경 귀대환약신

오늘은 읍내에 오일장이 서는 날이에요. 나무장수 아저씨는 소나무, 자두나무, 벚나무, 배롱나무, 꽃사과나무, 농장에서 데려온 어린 나무들을 큰길가에 세워 놓고 점심 드시러 가까운 국밥집에 가신 것 같아요. 생선 파는 아주머니들은 이른 봄바람이 차가워서 손을 앞치마 아래 묻은 채,

"오징어 네 마리 오천 원! 한 마리 더 드릴게요!"

"밴댕이 물 좋아요! 풋마늘 송송 썰어 넣고 조림 해 봐요. 아주 맛있어요!"

하고 소리치십니다. 원추리나물과 애쑥이랑 돌미나리는 2천 원에 소쿠리가 넘치게 담아 주고도 한 줌 더 얹어 주고요. 장날마다 손수 두부를 만들어서 나오시는 할머니는 단골손님들이 많아 벌써 다 팔

고 함지에 딱 두 모밖에 안 남았네요.

　오일장은 북적북적합니다. 꽃게는 알이 꽉 차 있고, 생선은 싱싱하고, 두부는 고소하고, 풋나물들은 신선해서 우리 동네 사람들은 멀리 있는 대형 할인 마트를 찾아가지 않는답니다. 시장 아주머니와 할머니들은 추운 날씨를 견디기 위해서 스웨터에 털조끼를 덧입었어요.

　장을 보는 손님들이 꽃게를 파는 아주머니가 예쁜지, 굴을 까는 할머니가 멋진 신발을 신었는지 보지 않는 것처럼, 땅콩 굽는 기계를 돌리는 아저씨도, 빨갛고 노란 플라스틱 액세서리를 파는 아저씨도, 찹쌀 도넛을 굽는 아주머니도, 모두 열심히 일할 뿐 아무도 자기가 남들에게 어떻게 비칠까, 신경 쓰지 않아요.

시장에서 흥정하는 사람들은 '그냥 사람'이에요. 멋진, 잘생긴, 아름다운, 부자인, 착한, 똑똑한, 혹은 못된, 바보 같은, 욕심 많은, 이런 수식어가 붙는 사람들이 아니라 부지런히 자기 일을 하는, 그냥 '사람'일 뿐이에요. 우리도 '착한' 아이, '거짓말하는' 아이, '욕을 하는' 아이, '공부 잘하는' 아이가 아니라 '그냥' 아이죠. 그냥 아이가 욕을 한 일도 있고, 거짓말을 한 적도 있고, 착하다고 칭찬받을 만한 일도 하고, 공부를 열심히 해서 시험을 잘 보기도 하고, 노는 데 바빠서 공부를 안 하기도 한 것일 뿐이지요. 사람들은 다른 사람을 가리켜 좋다, 나쁘다, 쉽게 말하지만 듣는 처지에서 생각하면 옳지 않은 말이에요.

"넌 왜 그렇게 책임감이 없니?"

이렇게 나무람을 받으면 마음이 상하지요? 책임감 없는 행동을 할 때도 있는 것은 사실이지만 책임감 없는 사람이라는 이름표를 다는 건 마음이 아프잖아요?

"넌 그림을 참 잘 그리는구나."

이런 칭찬을 받으면 당장 기분은 좋은데 언제나 그림을 잘 그려야 할 것 같아서 부담되지요.

윗사람의 사랑을 받거나 사람들에게 욕을 먹고 흥분하는 것은 큰 병통을 마치 제 몸과 같이 소중하게 여기는 것과 같은 것.

이라고 노자 할아버지께서는 말씀하셨어요. 칭찬받는 일과 비난받는 일이 어째서 똑같이 큰 병통[1]일까요? 그것은 하느님으로부터 나온 것이 아니기 때문이에요. 공주시 신관동에 사는 '정미라'는 이 세상에 딱 한 명밖에 없는 '정미라'이고, 파주시 조리읍에 사는 '박철민'도 이 세상에 딱 한 명밖에 없는 '박철민'이에요. '착한' 정미라가 아니고 오직 하나뿐인 소중한 정미라, '사고뭉치' 박철민이 아니라 오직 하나뿐인 소중한 박철민.

하느님께서는 그렇게 생각하신대요. 그러니까 친구들이 뒤에서 욕 좀 했다고 기분이 상할 필요는 없어요. 누가 나를 무척 칭찬했다고 흥분할 필요도 없고요. 그건 둘 다 그 사람의 생각이니까요. 나를 욕하던 친구가 마음이 바뀌어 나를 칭찬할 수도 있고 칭찬하던 친구가 어느 날 나를 비난할 수도 있는데, 그때마다 내 마음이 오르락내리락하면 얼마나 힘들겠어요? 그래서 노자 할아버지께서는 사람의 마음이 칭찬과 비난에 심하게 휘둘리는 것을 경계하고 둘 다 큰 병통이라고 하신 거예요.

성경에 자캐오라는 사람이 있어요. 자캐오는 돈 많은 세리[2]였어요. 어느 날 예수님께서 자캐오가 사는 마을 예리코를 지나가고 계셨는데, 많은 사람이 예수님을 보려고 몰려들었어요. 자캐오도 예수님이

---

1 병통 : ① 병으로 말미암은 아픔.
　　　　② 사회나 사람에게 오랜 관습 또는 습성에 의해 깊이 뿌리 박힌 결점.
2 세리 : 세금을 매기고 거두어들이는 업무를 담당하는 관리.

어떤 분인지 보려고 애썼지만 키가 작아서 볼 수가 없었어요. 자캐오는 예수님께서 지나가시는 길을 앞질러 달려가서 돌무화과나무로 올라갔어요. 예수님이 자캐오를 보시고 말씀하셨어요.

자캐오야, 얼른 내려오너라. 오늘은 내가 네 집에 머물러야 하겠다.

(루카 19, 5)

자캐오는 얼른 내려와 예수님을 기쁘게 맞아들였어요. 사람들은 예수님이 죄인의 집에 가서 묵는다고 못마땅해 했죠. 그러나 예수님께 자캐오는 사람들을 착취하는 세리가 아니라 그냥 자캐오였어요. 자캐오는 자기를 그렇게 바라보는 예수님을 만나자 자기 재산의 반을 가난한 사람에게 나누어 주겠다는 마음이 생겼어요. 그리고 남을 속여 얻은 것은 네 갑절로 갚겠다고 예수님께 약속했어요. 만일 자캐오가 사람들의 말만 가슴에 담고,

'난 죄 많은 세리야. 사람들을 속이고 가난한 사람들을 괴롭히는 나쁜 사람이야, 나 같은 사람은 그분을 바라볼 자격이 없어.'

하고 생각했다면 새로운 사람으로 변화하고 성장하는 기적을 만나지 못했을 거예요. 친구를 욕하는 것은 친구의 모습을 제대로 보지 못해서 그런 것이에요. 마찬가지로,

'내 친구는 내 말을 잘 들어줘서 좋아. 나를 잘 이해해 주고 어려운 일이 있으면 자기 일처럼 도와줘. 참 좋은 아이야.'

이렇게 생각하는 것도 바람직하지 않아요. 그건 언제 변할지 알 수 없는 내 생각일 뿐이니까요. 친구가 어느 날 내 말을 잘 듣지도 않고 어려운 일을 도와주지도 않으면 칭찬하던 마음이 비난으로 금방 바뀔 거예요. 그보다는 세상에 하나밖에 없는 소중한 내 친구와, 세상에 하나밖에 없는 소중한 내가 함께 놀고 함께 공부하고 있다는 사실을 늘 기억하는 것이 칭찬을 주고받는 것보다 더욱 좋은 일이에요.

13장 寵辱若驚총욕약경은, 貴大患若身귀대환약신이라.

① 윗사람의 사랑을 받거나 욕을 먹거나 하는 일에 흥분하니 이는
큰 병통을 제 몸처럼 귀하게 여기는 것이다.

② 은총을 받거나 굴욕을 당하거나 놀란 듯이 대하고,
재앙을 네 몸처럼 귀하게 여기라.

＊이 책에서는 ①번의 해석을 따랐습니다.

착하지 못한 사람 또한 착하게 대하기

不善者 吾亦善之 불선자 오역선지

새 학년, 새 학기가 시작되고 벌써 두 달이 지났어요. 수현이는 이번에 중학교에 들어갔는데, 담임 선생님께서 여자는 여자끼리, 남자는 남자끼리 앉혀 주지 않으시고 남녀짝꿍을 만들어 주셨다고 불만이 많아요. 또 명민이는 자기네 반 여자들이 완전히 '조폭'이라면서, 무서워서 학교에 못 다니겠다고 엄살을 피우고 있어요.

"담임 선생님은 어느 분이실까?"

"나랑 친한 친구가 우리 반에 들어왔을까?"

이것이 개학 날, 우리가 가장 궁금해 하는 것이죠. 누구나 착하고 너그러운 친구가 짝꿍이 되길 바라고, 마음씨 좋고 멋진 선생님이 담임 선생님이 되어 주시길 기대하지요.

그런데 수현이의 담임 선생님께서는 새 학기 첫날에 이상한 숙제를 내주셨어요.

"내가 어떤 사람일지 여러분이 궁금해 하는 것처럼, 저도 여러분이 어떤 학생들일까 궁금해요. 혹시 무서운 사람은 아닐까 긴장되지요? 저도 우리 반에 말썽꾸러기들이 많으면 어쩌나 걱정이 많이 돼요. 분명히 우리 반에 친구를 때리는 사람도 있을 테고, 돈을 빼앗는 사람도 있을 거예요. 그런 친구들에게 제가 화가 날 수도 있는데, 그럴 때 어떻게 하면 좋을까요? 우리가 모두 행복하게 학교생활을 하는 방법을 생각해 오세요."

수현이는 참고서에도 나오지 않는 이상한 숙제 때문에 고민하다가 이른 봄에 성당에 오셨던 노자 할아버지가 생각났어요. 할아버지라면 숙제를 도와주실 수 있을 것 같았어요.

'그때 모자를 쓰시고 피리를 들고 오셨었는데……. 어떻게 해야 다시 만날 수 있지? 맞다, 간절하게 스승님을 생각하면 2천4백 년 전에 살았던 노자 할아버지도 만날 수 있다고 신부님이 말씀하셨지.'

수현이는 신부님께서 가르쳐 주신 대로 마음을 모으고 조용하게 앉아서 할아버지를 생각했어요. 신부님께서 그러시는데 노자 할아버지께서는 스승을 '성인聖人'이라는 이름으로 부르곤 하셨대요. 그런데 이상한 건 성인은 무심無心한 사람이라고 하셨다는 거예요. 무심하다는 말은 관심이 없다는 뜻이잖아요. 하긴 노자 할아버지 말씀은 다 이상해요. 도무지 말이 안 되는 것 같아요. 그러나 곰곰이 생각하면서 끝까지 듣다 보면 "그렇구나!" 하고 고개를 끄덕이게 돼요. 그리고 우리가 별생각 없이 하는 이야기, 별생각 없이 쓰는 낱말에 대해 다시 짚어 보게 되고요.

"수현이가 내 생각을 많이 했구나. 어쩐지 오고 싶더라."

아, 이 목소리. 웃음 띤 따스한 목소리. 수현이가 눈을 뜨니 노자 할아버지께서 웃으면서 바라보고 계셨어요. 수현이는 신기하고 좋아서 할아버지 목에 매달렸어요.

"와! 진짜 오셨다. 제가 마술을 부린 거예요? 타임머신 타고 오신 거지요?"

"버스 타고 왔어."

할아버지는 아무렇지도 않게 대답하셨어요. 수현이가 선생님께서 이상한 숙제를 내셨다고 투덜거렸지만, 할아버지는 참 좋은 숙제라고 하시면서 웃으셨어요. 그리고 수현이에게 '성인聖人'의 이야기를 해주셨어요.

성인은 언제나 무심하단다. 백성의 마음으로 자기의 마음을 삼지. 착한 사람을 착하게 대하고, 착하지 못한 사람도 또한 착하게 대하시지. 그건 왜 그런고 하니, 덕이 오직 착하기 때문이야.

그러니까 우리가 '성인聖人'이라고 부르는 분들은 자신의 마음을 따로 갖지 않고, 다른 사람들의 마음을 자신의 마음으로 삼은 분들이었어요. 세상에 있는 모든 것과 한마음이 되는 것, 내 마음이라는 게 따로 없는 것, 알고 보니 그것이 '무심無心'이었어요. 예수님께서는 하느님의 마음을 자신의 마음으로 삼아서 "제가 원하는 대로 하지 마시고 아버지께서 원하는 대로 하십시오." 하고 기도하셨지요. 어떻게 해야 무심할 수 있을까요? 착한 사람을 착하게 대하는 건 어렵지 않을 것 같은데 어떻게 착하지 않은 사람을 착하게 대할 수 있을까요?

"지난번에 수현이랑 명민이랑 주혁이랑 신부님 댁 사랑방에 모여서 찰흙으로 그릇 만들었지? 내가 그릇이 비어 있어야 쓸모가 있다고 했더니 그때 수현이가 그랬잖아. 물을 마시고 싶은데 컵에 콜라가 들어 있으면 물을 따라 마실 수 없다고."

할아버지께서 자기가 한 말을 기억해 주셔서 수현이는 기분이 좋았어요.

"덕德은 진실하고 착한 것인데 사람의 마음이 그릇처럼, 컵처럼 비어 있지 않으면 덕이 와서 가득 채워질 수가 없겠지? 성인은 자기 마음이란 걸 따로 갖지 않고 빈 그릇처럼 깨끗이 비워서 덕을 하나 가득 받으셨기 때문에 착한 사람도, 착하지 않은 사람도 착하게 대하실 수가 있는 거란다."

할아버지의 말씀을 듣는 동안, 수현이 표정이 밝아졌어요. 같은 반에 나쁜 행동을 하는 친구가 있더라도, 그 친구를 끝까지 착하게 대하는 것이 단 하나뿐인 답이란 걸 알게 되었어요. 선생님께서도 그런 학생들 앞에서 화를 내실 일이 없겠죠? 수현이는 친구들이 가지고 있는 여러 가지 마음 중에서 가장 예쁘고 착하고 훌륭한 마음을 바라 보겠다고 마음먹었어요. 하지만 걱정이 하나 있어요.

"할아버지, 남의 돈을 빼앗는 친구를 착하게만 대해 준다면 그 아 인 자기 잘못을 깨닫지 못하고 계속해서 나쁜 짓을 하게 되지 않을 까요?"

할아버지께서는 빙그레 웃기만 하셨어요. 답은 문제를 낸 사람이 가장 잘 아는 법이니까, 수현이가 곧 좋은 답을 찾아낼 거라고 믿으 시는 것 같았어요.

문득 수현이는 일요일 오후에 있었던 일이 생각났어요. 혜진이 부 모님이 외출하셔서 혜진이랑 둘이 혜진이네 집에서 라면 끓여 먹고 같이 공부하기로 약속했는데, 동생이 따라가겠다고 떼를 쓰는 거예 요. 수현이가 못 따라오게 하니까 동생은 울고 엄마는 꾸중하셨어 요. 수현이는 엄마에게 막 짜증을 부리면서 휙, 집을 나섰어요.

그런데 마음이 편치 않았어요. 울먹이던 동생 얼굴이 자꾸 떠올랐 어요. 동생을 달래면서 수현이를 보내 주시던 엄마 얼굴도 생각나고 요. 그래서 수현이는 친구와 단둘이 시간을 보내려던 계획을 접고 일 찍 돌아왔어요. 자기를 떼어 놓고 혼자 나가 버린 언니의 착하지 못 한 행동을 옳다, 그르다, 판단할 줄 모르고 서운함을 기억하지도 못 하는 어린 동생은 언니가 돌아온 것만 좋아서 신이 나고 엄마도 언제

무슨 일이 있었느냐는 듯이 맛있는 간식을 만들어 주셨어요. 수현이는 엄마랑 동생에게 더욱 고맙고 미안했어요.

수현이도 친구들에게 그렇게 하기로 했어요. 엄마와 동생의 한결같은 사랑을 느끼자 행복함이 가득 차오르면서 저절로 착해지는 것 같았거든요. 끝까지 한결같이 친구를 사랑하기, 그것이 수현이가 찾은 답이랍니다.

새 학기가 시작되고 두 달, 선생님이 화를 몇 번이나 내셨는지, 말썽꾸러기들이 몇 번이나 말썽을 피웠는지 모르지만 왠지 수현이네 반은 참 행복할 것 같아요.

착하지 못한 사람 또한 착하게 대하기

49장 聖人성인은 無常心무상심하여 以百姓心이백성심으로
爲心위심하매 善者선자를 吾善之오선지하고,
不善者불선자를 吾亦善之오역선지하나니,
德善矣덕선의요.

성인은 언제나 무심하여 백성의 마음으로 자기의 마음을 삼으매
착한 사람을 착하게 대하고,
착하지 못한 사람도 또한 착하게 대하니
이는 덕이 오직 착하기 때문이요.

빛을 감추어 먼지와 하나로 되고

和其光 同其塵 화기광 동기진

　주혁이는 장난이 심해요. 담임 선생님은 주혁이 때문에 날마다 골치가 아프답니다. 며칠 전에도 주혁이는 화장실에 가는 정록이의 목을 끌어안고 씨름 선수처럼 복도에 메꽂았어요. 정록이는 울면서 집으로 돌아가 버렸지요. 주혁이는 장난으로 그랬다지만 장난을 좋아하지 않는 정록이에겐 아주 못 견디게 괴로운 일이었어요. 엎친 데 덮친 격으로 정록이는 그날부터 볼거리를 앓기 시작해서 며칠 동안 학교에 나오지 못했어요. 주혁이 부모님께서 과일을 한 바구니 사 들고 찾아가 사과하시고 주혁이도 용서를 구했지만, 오랫동안 괴롭힘을 받아와선지 학교에 나온 뒤에도 정록이는 말을 하지 않았어요. 수업 중에는 멍하니 창밖만 쳐다보고 있고 점심시간이 되어도 밥을 먹지 않았어요. 선생님도, 주혁이의 부모님도, 반 친구들도 정록이를 위로해 주려고 애썼는데 소용이 없었어요.

담임 선생님은 너무나 근심되어 물으셨어요.

"얘들아, 정록이를 어떻게 도와주어야 할까?"

혜진이가 뜻밖의 제안을 했어요.

"선생님, 명혜를 정록이 옆에 앉혀 보세요."

선생님은 어리둥절했어요. 명혜도 별로 말이 없는 아이라서 정록이 마음을 풀어줄 수 있을 것 같지 않았거든요. 선생님은 혜진이의 제안을 이해하지는 못했지만 다정다감하고 생각이 깊은 혜진이를 믿고 명혜를 정록이 옆에 앉혔어요. 그러자 참 신기한 일이 일어났어요. 정록이의 말문이 트인 거예요. 곧잘 웃고 명혜와 밥도 같이 먹고 둘이서 도란도란 이야기하는 것이었어요. 정록이는 점점 명랑해져서 다른 아이들과도 이야기하기 시작했어요. 선생님은 그제야 혜진이의 제안을 이해했어요.

명혜는 정록이와 다르지 않았어요. 정록이처럼 학교에 오면 친구들과 어울리지 못하고 제자리만 지키고 있다가 돌아가곤 했어요. 정록이처럼 국어책을 더듬더듬 읽었고 정록이처럼 손톱 밑이 까맸어요. 정록이와 명혜는 자기와 닮은 친구에게 서로 마음이 열렸던 거예요.

그 날카로움을 무디게 하여 엉클어진 것을 풀고, 그 빛을 감추어 먼지와 하나로 된다.

'노자 할아버지께서 말씀하신 것이 바로 이것이구나.'

선생님은 가슴이 따뜻해지는 것을 느꼈어요.

'혜진아, 명혜야, 정록아, 고맙다. 너희가 나의 스승이구나.'

선생님은 진심으로 그렇게 생각하셨어요. 학생들만 선생님께 배우는 게 아니라 선생님도 학생들에게 배워요. 사람은 죽을 때까지 배우고 깨닫고 자라가는 존재랍니다. 선생님은 마음속에 스승님들이 많이 계셔서 행복하다고 말씀하신 적이 있어요. 그중의 한 분이 무위당無爲堂 장일순 선생님이시래요. "좁쌀 한 알에도 우주가 담겨 있다." 라고 말씀하신 분이지요.

장일순 선생님은 강원도 원주에 사셨어요. 어느 날 시골 아주머니 한 분이 찾아와서 하소연했어요. 딸을 결혼시키려고 모아 둔 돈을 기차 안에서 소매치기 당했다고요. 선생님께서는 원주역으로 가서 역 앞 노점상 아주머니, 아저씨들과 앉아 이야기를 나누며 하루를 보내셨어요. 그렇게 사흘이 지나자 원주역에서 소매치기하는 사람들을 모두 알게 되었고, 마침내 아주머니 돈을 훔쳐 간 사람도 찾게 되었어요. 선생님은 그를 잘 달래어 남은 돈을 받아 선생님의 돈과 합쳐 아주머니에게 돌려주었어요. 그러고 나서도 가끔 돈을 훔쳤던 사람을 찾아가,

"영업을 방해해서 미안하네. 용서하시게."

하면서 밥과 술을 사곤 하셨어요. 앞으론 그런 도둑질을 하지 말라든

가, 나무라는 말 같은 것은 일절 하지 않으셨어요.

우리는 다른 사람과 비교하여 내가 더 바르게 산다, 혹은 내가 하는 일이 더 의미 있다고 생각하기 쉽지요. 어느 것이 옳은지 그른지, 어떤 행동이 좋고 나쁜지, 우리는 잘 알고 있고 될 수 있으면 좋은 쪽, 옳은 쪽을 선택하면서 살아가려고 노력하지요. 그러나 모든 사람이 자기의 정의로움을 무기 삼아 '네가 틀렸다, 너는 옳지 않다' 하고 분명하게 금을 긋고 비판하는 마음으로 살아간다면 누구도 그 비판에서 벗어날 수 없을 거예요. 그런 마음을 '날카로움' 곧 '예銳'라고 해요.

장일순 선생님도, 노자 할아버지도 우리가 생각하는 바름과 바르지 못함, 길고 짧음, 더러움과 깨끗함은 상대적인 기준일 뿐 절대적인 가치가 아니라고 말씀하셨어요. 장일순 선생님은 많은 사람의 스승이 되실 만큼 훌륭한 분이었지만 소매치기가 자신보다 못하다고 생각하지 않으셨고, 그와 동등하게 자신을 낮추셨어요. 모두가 존경하고 사랑하는 장일순 선생님으로부터 존중과 이해를 받은 소매치기는 어떻게 되었을까요? 마음속에 아름다운 변화가 일어나지 않았을까요?

노자 할아버지께서 '빛을 감추어 먼지와 하나가 되라.'고 하셨는데, 그럼 빛을 감춘 건 누구이고 먼지는 누구일까요? 얼른 생각하면 장일순 선생님이 빛이고, 당연히 소매치기는 먼지에 비유할 수 있겠지요.

선생님께서는 스스로 빛이라 생각하셨을까요? '소매치기 저놈을 위해 내가 빛을 감추고 먼지가 되자.' 하셨을까요? 그러지 않으셨기 때문에 많은 사람들의 스승이 되셨겠지요. 진심으로 그와 내가 다르지 않다고 여길 때 비로소 우리 마음에 빛이 생기고, 먼지를 빛의 세계로 이끌어 낼 수 있는 것이란 걸 장일순 선생님은 가르쳐 주셨어요. 명혜와 정록이가 서로 이끌어 준 것처럼 말이에요.

> 그는 주님 앞에서 가까스로 돋아난 새순처럼, 메마른 땅의 뿌리처럼 자라났다. 그에게는 우리가 우러러볼 만한 풍채도 위엄도 없었으며 우리가 바랄 만한 모습도 없었다. 사람들에게 멸시받고 배척당한 그는 고통의 사람, 병고에 익숙한 이였다.
>
> (이사야 53, 2-3)

하느님의 아드님인 예수님은 그런 분이셨다고 해요. 신神이 아니라 우리와 똑같은 사람으로서 고통과 슬픔을 느끼면서 우리들의 이웃으로 사셨고, 사람들이 미워하고 같이 앉기조차 싫어하는 사람들과 친구가 되어 그들로 하여금 자신도 모르게 간직하고 있는 환하고 따스한 빛을 스스로 발견하게 하셨대요.

내가 멸시하는 사람이 있는지 생각해 보세요. 그렇다면, 나는 아직 빛이 되지 못했다는 뜻이에요.

4장 挫其銳좌기예하여 解其紛해기분하고 和其光화기광하여 同其塵동기진이니라.

그 날카로움을 무디게 하여 엉클어진 것을 풀고, 그 빛을 감추어 먼지와 하나로 된다.

하늘과 땅은 사랑을 베풀지 않아

天地不仁 천지불인

하늘과 땅은 사랑을 베풀지 않아서 만물을 짚으로 만든 개처럼 여긴다. 성인도 사랑을 베풀지 않아서 백성을 짚으로 만든 개처럼 여긴다.

노자 할아버지 말씀은 참 이상해요. 땀 흘린 만큼 풍성하게 열매를 돌려주는 땅이 사랑 없는 존재라니요? 따스한 햇볕과 바람을 보내 주고 단비를 내려 주고 때에 맞게 곡식과 채소와 과일을 키워 주는 하늘이 만물을 짚으로 만든 개처럼 취급한다니, 이게 무슨 말씀일까요?

짚으로 만든 개는 쓸데없이 되어 버린 물건을 비유해요. 우리나라에서는 제사 지낼 때 짚으로 인형을 만들었고 중국에서는 개를 만들어서 제물로 썼어요. 그것들은 제사가 끝나면 더 쓸데가 없으니 버려졌어요. 그러니까 하늘과 땅과 성인이 만물을 짚으로 만든 개처럼 여긴다는 말은 만물을 애지중지하는 게 아니라 버릴 때가 되면 그냥 버린다는 뜻이에요. 성인聖人이 그렇게 인정사정없는 사람이라니, 정말 실망스럽죠?

신부님께서도 비슷한 말씀을 하신 적이 있어요. 신부님과 아이들이 마을 뒷산으로 소풍 간 날이었어요. 꿩이 다급하게 쫓기는 듯 푸드덕푸드덕 날개 치는 소리, 요란하게 비명 지르는 것 같은 소리가 계속 들려왔어요. 아이들이 소리쳤어요.

"신부님! 어제 살쾡이가 명민이네 병아리를 두 마리나 잡아먹었대요."

"이번엔 꿩을 물어 죽이나 봐요. 빨리 가 봐요, 빨리요! 꿩을 구해야 해요."

신부님과 아이들은 소리 나는 데로 가 보았지만, 꿩과 살쾡이를 찾을 수 없었어요. 살쾡이는 아마도 벌써 사냥을 끝내고 사람들의 눈에 띄지 않는 곳으로 물고 간 것 같아요. 아이들은 시무룩했어요. 동물들과 아이들을 무척 사랑하시는 신부님이니까 아이들만큼 슬퍼하실 줄 알았는데 신부님은 웬일인지 담담하셨어요.

"신부님은 꿩이 잡아먹힌 게 슬프지 않아요?"

명민이가 여쭈어 보았는데 신부님은 이상한 대답을 하셨어요.

"숲은 은혜를 베풀지 않는단다."

올봄에 산에 가 보았나요? 일요일에 부모님께서 산에 함께 가자고 하시는데, 집에 혼자 남아 컴퓨터 게임을 할 욕심에 안 가겠다고 버티는 친구들 있지요? 컴퓨터는 잠시 잊고 산에 가 보세요. 가서 온 산을 가득 채우고 선 나무들 중에 이름을 아는 나무가 몇 그루나 되는지 세어 보세요. 처음 보는 풀과 꽃도 많을 거예요. 남자들은 꽃보다는 동물과 벌레를 더 좋아하지요? 꿩, 다람쥐, 청설모는 눈에 자주 띨 테고, 사람들과 맞닥뜨려 놀란 산토끼와 고라니가 달아나는 모습을 볼 수도 있을 거예요.

나무와 풀과 꽃과 새, 나뭇잎 아래서 꼬물거리는 온갖 벌레들, 바위와 맑은 공기와 계곡물……. 숲을 가득 채우고 있는 존재들은 서로 어울려서 오케스트라의 멋진 연주처럼 조화를 이뤄요. 그러나 이 아름다운 조화는 따로 사랑하는 마음을 갖지 않은 대자연의 법칙 때문에 가능한 거예요.

만일 숲이 소나무는 좋아해서 잘 길러 주고 참나무과 나무들은 좋아하지 않아서 발을 못 붙이게 한다면 어떻게 될까요? 우린 툭툭 떨어지는 도토리와 상수리를 구경도 못 하게 될 테죠. 또 다람쥐는 뭘 먹고 살죠?

씨앗들이 촘촘히 붙어 싹이 트면 그중에 몇 개는 병이 들 수도 있고, 함께 자라다가도 먼저 가지를 뻗고 그늘을 드리우는 튼튼한 나무에게 자리를 내어 주고 말라갈 수도 있어요. 그러한 때 숲이 특별한 은혜를 베풀어서 나무들을 죄다 빼곡하게 살려 놓는다면 어떻게 되겠어요? 서로의 그늘 속에서 어깨도 못 펴다가 죽어 가겠죠.

작은 토끼가 예쁘고 가여워서 다른 짐승들이 잡아먹지 못하도록 철저하게 보호해 준다면? 온통 토끼 세상이 되겠네요. 꿩을 잡아먹지 못하게 하면 살쾡이는 굶어 죽어야겠지요? 그건 아니죠? 우리가 산에서 누리는 봄과 여름, 가을과 겨울의 풍성한 아름다움은 사실 사사로운 정情이라고는 눈곱만큼도 없는, 냉엄한 하늘의 법法을 거스르지 않은 결과라고 신부님께서 설명해 주셨어요.

'하늘과 땅은 사랑을 베풀지 않는다.'는 말에 나오는 사랑은 한쪽으로 치우친 애착이라는 뜻이에요. 이제 알았죠? '성인은 사랑을 베풀지 않아 백성을 짚으로 만든 개처럼 여긴다.'는 말 역시 모든 만물을 공평하게 대하는 큰 사랑의 표현이란 것을요.

성인聖人은 천지의 도道를 그대로 좇아 사는 분이라고 해요. 도를 닦는다는 말을 들어 본 적 있지요? 그건 사랑이 뭔지 공부한다는 뜻이에요. 참사랑의 자유로운 길을 가는 훈련을 한다는 말이에요.

잠자리에 들기 전에 자신에게 한 번 물어보세요.

"나는 지금까지 사랑해 본 적이 있을까?"

혜진이는 사랑했지만 명혜는 미워서 따돌렸다면, 결국 혜진이도 완전하게 사랑하지 않은 것이 돼요. 아직 사랑의 힘이 내 안에 생기지 않은 거지요. 그런 사랑은 상대방과 나를 함께 성장시킬 수도 없고 영원할 거라는 보장도 없는 거예요. 어느 날 혜진이가 나보다 소희를 더 좋아하고, 점심시간에 소희 옆에 앉아서 밥을 먹는 사소한 일이 일어날 때, 금방 미움으로 변할 수 있는 약한 사랑이지요. 그런 마음을 가리켜 노자 할아버지께서는 '사랑'이라고 하지 않고 '사私'라고 일컬으셨어요. 어딘가에 집착하는 자유롭지 못한 마음이란 뜻이에요. '사심私心'이란 말, 들어 보았지요?

물이 위에서 아래로 흐르는 것처럼, 봄이 지나면 여름이 오는 것처럼, 짚으로 만든 인형이 제 할 일을 다 하고 물러나는 것처럼 사람도 사물도 자연스럽게 있는 그대로 보고 받아들이는 것이 사랑이에요. 나의 태도에 사심이 있는지 살펴보세요. 그것이 사랑이라고 스스로 속고 있는 것은 아닌지도 생각해 보세요. 사심이 있는 한, 우리는 누군가의 마음을 아프게 할 수 있어요. 마찬가지로 내가 아끼는 사람들이 다른 사람과 구별되는 특별한 사랑을 나에게만 쏟아 주길 기대하면서 끊임없이 상처받을 수 있고요.

성경에는 사람이 갖는 마음 가운데 가장 가치 있고 소중한 것이 사랑이라고 쓰여 있어요.

내가 인간의 여러 언어와 천사의 언어로 말한다 하여도, 나에게 사랑이 없으면, 나는 요란한 징이나 소란한 꽹과리에 지나지 않습니다. 내가 예언하는 능력이 있고, 모든 신비와 모든 지식을 깨닫고 산을 옮길 수 있는 큰 믿음이 있다 하여도 나에게 사랑이 없으면 나는 아무것도 아닙니다. 내가 모든 재산을 나누어 주고 내 몸까지 자랑스레 넘겨준다 하여도 나에게 사랑이 없으면 나에게는 아무 소용이 없습니다.

(1코린 13, 1-3)

사랑은 이렇게 소중하면서도 정말 갖기 어려운 감정이에요. 집착과 편애, 욕심과 자만심 같은 것들이 사랑인 양 우리 마음에 자리를 잡고, 참사랑에 눈을 뜨는 걸 방해하기 때문이지요. 그래서 우리는 도道를 닦는 거랍니다. 왜? 잊고 있을 뿐, 우리는 원래 사랑이 가득한 존재라는 걸 알기 위해서, 우리가 얼마나 깃털처럼 가볍고 자유로운 사람들인지, 민들레 홀씨처럼 온 세상에 아름다움을 퍼뜨릴 수 있는 사람들이란 걸 알기 위해서.

5장 天地천지는 不仁불인하여 以萬物이만물로 爲芻狗위추구라.
聖人성인은 不仁불인하여 以百姓이백성으로 爲芻狗위추구라.

하늘과 땅은 치우친 사랑을 베풀지 않아서

만물을 짚으로 만든 개처럼 여긴다.

성인은 치우친 사랑을 베풀지 않아서 백성을 짚으로 만든 개처럼

여긴다.

사욕이 없어서 큰 나를 이룬다

非以其無私耶 故能成其私 비이기무사야 고능성기사

등이 활처럼 굽은 얌전할머니께서 돌아가셨어요. 할머니는 오래 전부터 귀가 들리지 않으셨어요. 하지만 비가 오나 눈이 오나 성당엘 가장 먼저 나오셔서 미사를 올리셨어요. 할머니의 몸은 너무 가벼워서 발걸음 소리도 나지 않았어요. 비가 오려고 하면 어느새 할머닌 성당에 가만가만 오셔서 신부님 댁 빨래를 걷어 얌전하게 개켜 들여 놓고 가시곤 했어요. 할머니의 가족들, 할머니를 어머님처럼 사랑하시던 신부님, 친손녀처럼 따르던 이웃집 슬비…… 할머니는 환하고 아름다운 빛에 싸여 사랑하는 사람들의 슬픔을 어루만지고 위로하면서 가셨어요. 신부님은 그것을 느끼셨어요.

슬비가 성당에 갔을 때 신부님은 혼자 앉아 수첩을 보고 계셨어요. 슬비가 신부님 옆에 앉아 말했어요.

"중국 팽조彭祖는 팔백 년을 살았다고 신부님이 이야기 해 주셨잖아요. 근데 얌전할머니는 구십 살도 안 됐는데 돌아가셨어요."

"초나라 남쪽에 살던 거북이에게는 봄이 오백 년, 가을이 오백 년이었다고 하셨고, 춘椿이라는 이름을 가진 큰 나무는 봄, 가을을 팔천 년씩 살았다고 하셨는데……."

슬비의 혼잣말이 계속되었어요. 신부님이 슬비를 위로하셨어요.

"그랬지. 지구의 나이는 45억 년, 우주의 나이는 137억 년. 근데 슬비야, 얌전할머니는 돌아가셨지만 살아계시기도 해."

하지만 그렇게 말씀하시는 신부님도 사랑하는 얌전할머니를 다시 못 뵙게 되어서 마음이 힘드신 것 같았어요. 수첩을 손에서 놓지 않으시는 걸 보면 말이에요. 신부님의 수첩엔 노자 할아버지와 나눈 이야기가 가득 적혀 있어요. 어려운 일이 생길 때나 슬픈 일이 있을 때 신부님은 수첩을 열어 보곤 하시죠.

"뭘 읽고 계셨어요?"

슬비가 여쭈어 보자 신부님은 수첩을 펴서 보여 주셨어요.

하늘과 땅이 그렇게 오랠 수 있는 까닭은 그 생生을 자기의 것으로 삼지 않기 때문이다.

"생을 자기의 것으로 삼지 않는다는 게 무슨 뜻인데요?"

"사사로운 욕심私慾(사욕)에 가득 차서 살지 않는다는 뜻이야. 살아가는 동안 남보다 앞서려고 한다거나, 부자가 되려고 한다거나, 명예를 얻겠다거나, 그런 마음이 사욕私慾이란다. 땅은 곡식을 싹 틔우고 키우지만 자기가 낳고 기른 것이라고 주장하지 않고, 하늘도 자신을 비워 새가 날게 하고 나무가 자라게 하지. 얌전할머님도 그런 분이셨거든. 계신 듯, 안 계신 듯, 그렇게 사람들을 품어 주시는 분이었지. 하지만 할머니가 계신 것과 안 계신 것은 큰 차이가 있었지. 할머니가 하늘이 되고 땅이 되신 거라는 걸 우리는 알게 될 때가 올 거야."

슬비는 신부님 말씀을 듣고 권정생 선생님의 동화, 《강아지똥》이 생각났어요. 동화의 주인공은 돌이네 흰둥이가 골목길 담 옆에 쭈그리고 앉아 누고 간 '똥'이에요. 강아지똥이 세상에 태어나 처음 들은 말은 "똥! 똥! 에그, 더러워."였어요. 태어나자마자 더럽다는 말을 들었으니 얼마나 놀랐을까요? 아무도 슬퍼하는 강아지똥을 거들떠보지 않았어요. 친구들의 괴롭힘을 받는 슬비는 강아지똥과 자신의 처지가 같다고 생각하면서 읽을 때마다 눈물이 나곤 했어요.

춥고 외로운 겨울이 지나고 어느 봄날, 강아지똥 앞에 파란 민들레 싹이 돋아났어요.

"넌 뭐니?"

"난 예쁜 꽃을 피우는 민들레야."

"얼마만큼 예쁘니? 하늘의 별만큼 고우니?"

"그래, 방실방실 빛나."

"어떻게 그렇게 예쁜 꽃을 피우니?"

"그건 하느님이 비를 주시고 따뜻한 햇볕을 쬐어 주시기 때문이야."

부러워서 한숨을 쉬는 강아지똥에게 민들레가 뜻밖의 말을 해요. 꼭 한 가지 필요한 것이 더 있다고, 그건 강아지똥이 거름이 되어줘야 하는 일이라고 말이에요.

"네 몸뚱이를 고스란히 녹여 내 몸속으로 들어와야 해. 그래야만 별처럼 고운 꽃이 핀단다."

슬비는 궁금했어요. 강아지똥이 기뻤을까? 아니면 두려웠을까? 자기 같으면 무서워서 계속 망설이다가 끝내 거절할 것 같고, 결국은 새로운 존재가 되지 못한 채 쓸쓸하게 사라져갈 것만 같아 슬비는 괜히 또 슬퍼지곤 했어요.

예수님께서 고향 나자렛을 떠나 전도 여행을 다니시는데 어떤 사람이 와서 말했어요.

"주님, 제가 주님을 따라가겠습니다. 그러나 먼저 집안 식구들에게 작별 인사를 하게 해 주십시오."

예수님께서는 이렇게 대답하셨어요.

쟁기에 손을 대고 뒤를 돌아보는 자는 하느님 나라에 합당하지 않다.

(루카 9, 62)

바다에 뛰어들어 자신의 몸을 녹이지 않고는 소금인형이 바다가 될 수 없는 것처럼 예수님의 뜻을 자기의 뜻으로 삼고, 예수님의 삶을 자기의 삶으로 삼지 않고서 예수님의 제자가 되는 것은 불가능한 일이에요. 쟁기는 논밭을 가는 데 쓰는 농기구예요. 옛날엔 소가 쟁기를 끌었는데 지금은 트랙터가 쟁기의 일을 대신하고 있어요.

가족과 작별인사를 하고 오겠다고 머뭇거리는 그 사람은 아직 쟁기를 손에서 내려놓지 못한 것이지요. 마음에 걸리는 일이 얼마나 많겠어요? 가족, 돈벌이, 친구들, 세상에서 차지했던 지위, 명예, 크게 나쁘지 않았던 안정적인 삶, 그런 것들을 비유하는 것이 쟁기예요. 성경 속에서 우리가 만나는 예수님의 제자들은 캄캄한 바다에 뛰어든 소금인형 같은 분들이었어요.

하던 일을 멈추고 새로운 세상에 과감히 한 걸음 내디딜 때는 뒤돌아보지 않는 거예요. 애벌레가 나비가 되기 위해 고치 속으로 들어가는 것처럼 곁에 있던 것들과 캄캄하게 떨어져 있어야 할 때도 있는 법이랍니다. 막막하지만 분명한 것은 그 시간이 지나간다는 것이지요. 머지않아 애벌레는 번데기의 모습을 벗고 아름다운 날개를 펼치게 된다는 거지요.

강아지똥은 자기가 거름이 되어야만 별처럼 빛나는 꽃을 피울 수 있다는 말을 듣고 너무나 기쁜 나머지 민들레 싹을 힘껏 껴안았어요. 봄비에 강아지똥의 몸은 잘게 부서지고 땅속으로 스며들어 민들레의 뿌리로 모여들었지요. 줄기를 타고 올라가 한 송이 예쁜 꽃을 피웠어요.

가장 아름다운 존재가 될 수 있다는 것을 안 순간, 머뭇거리지 않고 바다로 뛰어든 소금인형처럼, 강아지똥은 기꺼이 '작은 나'를 버리고 '큰 나'가 된 거예요. 슬비는 동화《강아지똥》을 읽은 뒤로 민들레꽃을 볼 때마다 "강아지똥아, 안녕!" 하고 인사를 하곤 했어요.

신부님은 계속해서 할아버지의 말씀을 읽어 주셨어요.

사욕이 없어서 큰 나를 이룬다.

눈을 뜨지 못한 나를 넘어서서 큰 진리의 세상에 들어서는 나를 만난다는 말씀이지요. 슬비는 강아지똥을 생각하면서 노자 할아버지의 말씀을 이해할 수 있었어요.

"신부님은 얌전할머니가 '큰 나'가 되셨다는 거지요? 민들레꽃이 된 강아지똥처럼요."

신부님은 놀라워서 슬비를 다시 바라보았어요. 신부님의 눈에 기쁨이 가득했어요. 슬비와 신부님의 얼굴에 할머니가 돌아가신 뒤 처음으로 웃음이 피어났어요.

사욕이 없어서 큰 나를 이룬다

7장 天地所以能長且久者천지소이능장차구자는
以其不自生이기부자생이라.

하늘과 땅이 그렇게 오랠 수 있는 까닭은 그 생生을 자기의 것으로
삼지 않기 때문이다.

非以其無私耶비이기무사야라, 故고로 能成其私능성기사라.

사욕이 없어서 큰 나를 이룬다.

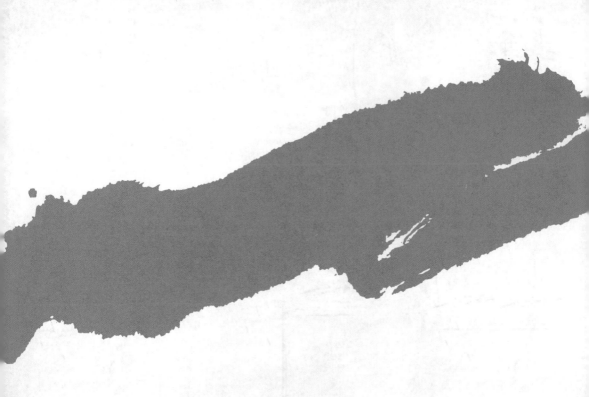

배를 위하되 그 눈을 위하지 않는다

분별을 끊고 알음알이를 버리면

나야말로 바보로구나

가진 것을 자랑하는 일, 그만 두는 게 옳다

높은 덕德을 지닌 사람은 덕을 마음에 두지 않는다

부드럽고 약한 것이 단단하고 강한 것을 이기고

비웃지 않으면 도道가 아니다

만족할 줄 알면 욕됨이 없고, 그칠 줄 알면 위태롭지 않다

2

분별을 끊고
알음알이를 버리면

배를 위하되 그 눈을 위하지 않는다

爲腹不爲目 위복불위목

윤아랑 정아 자매가 며칠 전부터 비비크림을 뽀얗게 바르기 시작했어요. 립글로스를 바른 입술은 반짝반짝하고, 인터넷 쇼핑으로 사들이는 옷, 가방, 모자 같은 것들이 하루가 멀다고 택배로 날아와요. 윤아 엄마는 딸들하고 싸우느라 신경이 곤두서 있어요. 엉덩이 부분이 터질 정도로 치마를 줄여 입질 않나, 학교 급식이 맛이 없다고 점심시간에 무단외출을 해서 분식집에 있다가 붙잡혀 오질 않나, 후배들을 위협해서 돈도 빼앗았대요. 이것저것 사들이려니 돈이 필요했던 것이지요.

윤아와 정아도 하고 싶은 말이 많아요. 왜 선생님과 부모님은 학생들이 자신을 예쁘고 감각 있게 가꾸는 것을 싫어하시는 걸까요? 아빠들은 술값으로 5만 원, 10만 원씩 아까운 줄 모르고 쓰시면서, 딸들이 7천 원짜리 티셔츠 하나 사는 걸 왜 꾸중하시는 거죠?

윤아와 정아의 하소연을 들어주신 분은 노자 할아버지예요. 할아버지께서는 예쁜 옷을 고를 줄 아는 눈이 있는 것은 좋은 일이라며 자매 편을 들어주셨어요. 음식을 맛있게 먹을 줄 알면 맛있게 만들 줄도 알 거라며 격려하셨어요. 하지만 예쁜 옷을 입고 맛있는 음식을 먹되, 예쁘고 맛있는 것의 노예가 되면 안 된다고도 하셨어요. 예쁜 옷을 사기 위해 돈을 빼앗거나, 맛이 없다고 급식을 못 먹을 정도면 그건 좋아하는 것을 즐기는 것이 아니라 노예가 된 거래요. 윤아와 정아는 할아버지 위로를 받고 마음이 많이 풀렸어요. 할아버지께서는 또 말씀하셨어요.

온갖 색깔이 사람의 눈을 멀게 하고 온갖 소리가 사람의 귀를 먹게 하고 온갖 맛이 사람의 입을 상하게 하지.

색깔과 소리와 맛은 눈으로 보고 귀로 듣고 혀로 느끼는 것이지요? 그런 감각에 집착하면 우리는 건강하게 성장하지 못해요. 윤아와 정아도 눈과 입을 충족시키느라 엄마, 아빠, 선생님께 꾸중을 듣고 후배들을 괴롭히는 나쁜 짓까지 하게 되었어요. 그러니 마음이 평화롭지 않겠지요? 얼굴 역시 지혜롭게 빛나지 않겠지요?

그래서 성인聖人이라 불리는 분들은 배를 위하되 눈을 위하지

않는단다.

배는 도道를 의미하는 말이에요. 갓 태어난 아기들은 배고프면 울고 엄마가 젖을 물리면 금방 울음을 그치지요. 젖이 맛있네, 없네, 그런 것은 잘 몰라요. 그래서 건강하게 무럭무럭 자라는 거지요. 이처럼 성인은 눈에 보이는 것, 귀에 들리는 것, 입에 들어오는 것처럼 있다가 없어지는 현상에 집착하지 않고 자기 안의 도道, 다시 말하면 자신을 살리는 생명, 생명이 되는 생각, 생명이 되는 행동에 충실한 분들이에요. 그렇다고 아무리 정성스럽게 맛있는 음식을 해 줘도 맛있는 줄 모르고, 아무리 예쁜 꽃을 보아도 그 신비로움에 감탄할 줄 모르는 사람이 되라는 뜻은 아니에요. 다만 거기에 사로잡혀 자유롭지 못한 사람이 되지 말자는 것이 노자 할아버지의 생각이시겠죠?

예수님께서 어느 마을을 지나실 때 '마르타'라고 하는 여자가 예수님을 초청했어요. 마르타는 손님 접대하느라 분주한데 동생 마리아는 예수님 곁에 앉아 말씀을 듣는 데 빠져 있어요. 언니는 화가 났겠지요? 동생이 자기 일을 거들게 해 달라고 언니가 예수님께 부탁 드리자, 예수님께서 이렇게 말씀하셨어요.

마르타야, 너는 많은 일로 염려하며 들떠 있다. 그러나 주님의 일은 많지 않거나 하나뿐이다. 마리아는 좋은 몫을 택하였다. 그러니 아무도 그것을 그에게서 빼앗지 못한다.

(루카 10, 38-42)

손님 접대도 중요하지만, 마리아가 택한 것은 말씀이었어요. 자기 영혼을 먼저 생각한 것이에요. 성인이 눈을 위하지 않고 배를 위하는 것처럼 말이지요. 곧 사라져갈 것들과 우리 안에 녹아들어 영원한 보석이 될 것들이 언제나 우리 앞에 갈림길로 놓여 있어요. 옛적 어르신들께서는 어떤 선택을 하셨는지 살펴보는 것, 그것이 바로 '공부'예요.

할아버지를 만나 윤아와 정아는 기분이 한결 좋아졌어요.

"할아버지랑 또 이야기하고 싶을 땐 어떻게 해요?"

윤아가 여쭈었어요. 할아버지는 문득 정자나무 아래 앉아 계시고, 문득 골목길을 돌아 나오시고, 그런가 하면 마을에 사시는 것처럼 아무렇지도 않게 성당 사랑방에서 신부님과 이야기를 나누고 있기도 하셔요.

"만나고 싶은 마음이 간절하면 만나게 되어 있단다. 오늘처럼, 언제든지."

할아버지께서 대답하셨어요. 윤아와 정아는 이제 이런 생각을 자주 하게 될 거예요.

"이럴 때 할아버지께서는 어떻게 하실까? 이럴 때는 뭐라고 말씀하실까?"

이렇게 의문을 품을 때 떠오르는 사람을 도반道伴이라고 하지요.
멋지고 아름다운 길을 함께 가는 길동무라는 뜻이에요.

12장 五色오색이 令人目盲영인목맹이요,
五音오음이 令人耳聾영인이롱이요,
五味오미가 令人口爽영인구상이라.

온갖 색깔이 사람의 눈을 멀게 하고,
온갖 소리가 사람의 귀를 먹게 하고,
온갖 맛이 사람의 입을 상하게 한다.

是以시이로 聖人성인은 爲腹위복하되 不爲目불위목이니라.

그래서 성인聖人은 배를 위하되 눈을 위하지 않는다.

분별을 끊고 알음알이를 버리면

絶聖棄智 民利百倍 절성기지 민리백배

　수업 시간에 지독한 방귀를 뀌는 친구들이 종종 있지요? 어른들은 방귀를 참으면 병이 된다고 하셔요. 그렇겠지요? 몸에 필요한 생리 현상인데 억지로 참으면 좋지 않을 거예요. 그러니까 방귀가 나오려고 하면 얼른 복도로 나가서 해결하고 들어왔으면 좋겠어요. 선생님께서 무슨 일인가 궁금하실 테니까 쪽지를 써서 살짝 보여 드리세요. 요즘 날씨가 쌀쌀해서 교실 창문을 꼭꼭 닫고 공부하는데 냄새를 풍기면, 어휴! 친구들이 코를 싸쥐고 소리를 지르며 부채를 부쳐대고 난리를 피울 거예요.

　혹시 《보리방구 조수택》을 아시나요? 유은실 선생님 동화인데요. 수택이 별명이 보리방구예요. 지금은 쌀보다 오히려 보리가 귀하지만 30여 년 전만 해도 명절이나 생일, 제삿날처럼 특별한 날이 아니면 쌀밥을 먹을 수 없는 가난한 집들이 많았어요. 수택이도 그런 집 아이였지요. 보리밥을 먹으면 방귀가 많이 나와요. 여자아이들은 아무도 보리방구 수택이 옆에 앉고 싶지 않았지요. 윤희도 마찬가지였어요. 어이없게도 수택이가 짝이 되었을 때, 윤희는 얼굴이 화끈거렸어요. 다른 아이들처럼 수택이가 짝이 된 걸 노골적으로 싫어하는 눈치를 보이면 수택이가 스스로 맨 뒤로 가서 혼자 앉겠지만, 꾹 참기로 했어요. 왜냐하면 윤희는 '착한 어린이' 상을 받았기 때문이에요.

"쟤가 무슨 착한 어린이야?"

이런 말을 들을 수는 없잖아요?

예전에는 학교에 도시락을 싸 가지고 다녔어요. 가난한 집 아이들은 초라한 반찬과 꽁보리밥 때문에 기를 펴지 못했지요. 윤희는 그런 수택이가 안쓰러워서 아이들 몰래 자기 깍두기 하나를 수택이 도시락에 올려놔 줘요. 처음 받아보는 짝꿍의 배려가 얼마나 고맙고 소중했을까요? 수택이는 깍두기 하나를 몇 번에 나누어 아껴 먹었어요. 그리고 자기가 배달하는 신문 하나를 윤희 책상 서랍에 넣어 두지요. 단번에 수택이와 윤희가 좋아한다는 소문이 퍼졌어요. 윤희는 너무나 창피하고 기분이 나빠, 수택이가 보는 앞에서 신문을 난로에 집어넣고 말았어요. 그리고 다시는 수택이 얼굴을 똑바로 바라볼 수가 없었어요.

왜 그랬을까요? 수택이의 진심을 짓밟았기 때문이에요. 수택이에 대한 윤희의 호의는 '착한 어린이'라는 명예를 지키고 싶은 마음에서 비롯된 것이었어요. 순수한 의도는 아니었지만 그것도 착하고 바른 마음을 가지려는 노력이었는데, 왜 그렇게 쉽게 무너졌을까요?

노자 할아버지께서는 이렇게 말씀하셨어요.

세상 사람들이 소중하게 여기는 자선慈善이니 정의正義니 하는
것 들은 모두 큰 도道가 무너져서 나온 것이다.

윤희가 수택이에게 베푼 것은 자선[1]이었어요. 그러나 노자 할아버
지는 칭찬하지 않으셨어요. 수택이를 자기와 다르게 생각했기 때문
에 자선을 베푸는 마음을 가진 거라고 보신 거예요. 수택이가 불쌍하
다는 생각은 수택이가 지저분하고 가난하고 더러워서 싫다는 마음과
다를 바 없다는 것이지요.

할아버지께서 귀하게 여기시는 건 수택이 같은 친구와 내가 다르
다고 생각하지 않는 마음, 이 세상에 살아 있는 모두가 가장 아름다
운 자연의 법칙인 도道 안에서 하나라는 것을 깨닫는 눈이에요. 그
마음이 뿌리라면 자선과 정의는 나뭇잎이에요. 모두가 하나라는 깨
달음이 없으면, 사랑은 언제 떨어질지 알 수 없는 나뭇잎과 같은 것
이랍니다.

---

1 자선 : 남을 불쌍히 여겨 은혜를 베풀고 도와줌.

좋은 것과 좋지 않은 것, 사랑할 만한 것과 미워해 마땅한 것, 무엇보다도 '나'와 '나 아닌 모든 것'을 구별하는 마음을 분별심分別心이라고 해요. 그렇게 분별하는 마음을 버리고 내가 우주와, 하느님과 하나라는 큰 생각을 가지면 사랑, 정의, 자선, 같은 것들은 노력하지 않아도 저절로 생긴다는 것이 노자 할아버지의 말씀이에요. 어때요? 우리가 알아 왔던 것과 많이 다르지요? 우리가 아는 것들이 과연 제대로 아는 것인지 의심해 보는 것이 공부의 첫걸음이에요. 우리가 가진 지식, 재주나 슬기를 알음알이라고 하지요. 알음알이를 경쟁의 수단으로 삼거나 내가 남보다 우월하다는 기준으로 삼고 있지 않은지, 나의 알음알이가 한 걸음 더 깊은 생각을 받아들이는 데 방해가 되는 건 아닌지, 늘 살폈으면 좋겠어요.

바오로 사도도 고백하셨어요.

그러나 나에게 이롭던 것들을, 나는 그리스도 때문에 모두 해로운 것으로 여기게 되었습니다. 그뿐만 아니라, 나의 주 그리스도 예수님을 아는 지식의 지고한 가치 때문에, 다른 모든 것을 해로운 것으로 여깁니다. 나는 그리스도 때문에 모든 것을 잃었지만 그것들을 쓰레기로 여깁니다. 내가 그리스도를 얻고 그분 안에 있으려는 것입니다. 율법에서 오는 나의 의로움이 아니라, 그리스도에 대한 믿음으로 말미암은 의로움, 곧 믿음을 바탕으로 하느님에게서 오는 의로움을 지니고 있으려는 것입니다.

(필리 3, 7-9)

　바오로 사도는 자기가 알던, 자기 삶의 지침으로 삼던 율법을 과감하게 버렸어요. 더 큰 법이 있다는 걸 알았기 때문이지요. 또한 율법에 갇혀 있던 자신을 버렸어요. 그래서 그리스도와 한 몸이 되었어요.

　누군가 나를 화나게 할 때, 누군가 내 맘에 들지 않을 때, 눈을 감고 노자 할아버지의 말씀을 떠올려 보면 어떨까요?

　분별을 끊고 알음알이를 버리면 백성(우리)에게 백배는 이롭다.

　바오로 사도처럼 그리스도와 하나 되기 위해, 노자 할아버지께서 말씀하시는 도道 안에서 아름다운 사람이 되기 위해, 날마다 버려야 할 것들이 무엇인지 깊이 생각해 보아야겠어요.

분별을 끊고 알음알이를 버리면

18장 大道대도가 廢폐하여 有仁義유인의하고.

큰 도道가 무너져서 인의仁義가 드러나고.

19장 絶聖棄智절성기지하면 民利百倍민리백배하고.

분별을 끊고 알음알이를 버리면 백성에게 백배는 이롭다.

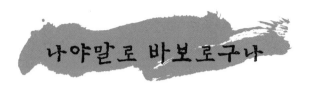

나야말로 바보로구나

我愚人之心也哉! 아우인지심야재

소희 오빠 동욱이는 학급 반장인데다 공부도 잘해서 선생님들 칭찬이 자자해요. 동욱이를 생각하면 엄마는 힘든 밭일을 하면서도 웃음이 절로 나는데 소희를 생각하면 아들 덕분에 즐거웠던 마음에 근심이 어려요. 소희도 동욱이 못지않게 사랑스러운 아이인데 말이지요.

"소희는 어쩌면 그렇게 인사도 잘하고 인정이 많은지. 할머니들이 보따리 들고 있는 것만 보면 제 볼일도 미루고 마당까지 기어이 들어다 준다니까. 아마 이 동네에서 소희 덕 보지 않은 어르신은 안 계실 거여."

소희 엄마는 동네 사람들의 칭찬이 고마우면서도 한편 서운해요. 소희도 오빠처럼 공부 잘한다는 칭찬을 받으면 얼마나 좋을까, 하는 욕심이 생겨요. 동욱이를 시켜서 늦게까지 공부도 가르쳐 보고 읍내 학원에도 보내 보았지만 소용없는 일이었어요.

아침마다 온 식구가 동욱이 방을 들락거리면서 깨우랴, 밥 먹이랴 바쁠 때 부지런한 소희는 혼자 일어나 제 방을 깨끗이 정돈해 놓고 밥을 뚝딱 먹어치우곤 비탈길을 후다닥 뛰어 내려가요. 그대로 학교로 가면 1등으로 도착할 텐데 꼭 친구 미진이네 집에 들러서 늑장 부리는 미진이를 챙겨 팔을 잡아끌고 가지요. 미진이 때문에 덩달아 지각한 적도 많을 거예요. 친구들이 당번 활동을 하고 있으면 같이 칠판을 닦고 교탁에 걸레질하면서 수다를 떨어요. 심지어는 체육대회 때, 친구 혼자 꼴찌로 달리는 걸 보고 속도를 늦춰 꼴찌를 같이해 주는 아이예요.

하지만 시험 기간이 되면 친구들은 자연스럽게 소희 옆을 떠나 잘하는 친구들끼리 책을 들고 모여서 서로 묻고 대답하면서 공부해요. 대강의 사정을 짐작하고 있는 소희 엄마로서는 걱정하지 않을 수 없지요.

"네 친구들은 모두 야무지게 제 앞가림하면서 공부하는데, 너는 도대체 왜 그 모양이야? 나중에 봐. 친구들은 좋은 직장 잡고, 좋은 차 타고, 좋은 옷 입고, 잘살 텐데, 너는 남 뒤치다꺼리만 하다가 가난뱅이로 살래? 그때도 친구들이 너하고 놀아 줄 것 같아?"

엄마는 마음먹고 야단을 쳤어요. 소희 눈에서는 눈물이 뚝뚝 떨어졌지요. 기가 죽어서 저녁밥도 먹는 둥 마는 둥 하고 일찍 잠이 든 소희를 내려다보면서 엄마도 눈물이 났어요. 착한 딸을 야단친 것이 마음 아프셨겠지요. 험난한 세상에서 살아갈 딸의 미래가 불안하고 안쓰러우셨을 거예요.

노자 할아버지께서도 한탄하신 적이 있어요.

나야말로 바보의 마음이로구나. 멍청하고 멍청하구나. 세상 사람들은 빛나는데 나는 홀로 어둡고 세상 사람들은 똑똑한데 나는 홀로 둔하구나.

소희 엄마는 누구보다도 딸의 마음을 잘 알아요. 딸이 자기와 똑닮았기 때문이에요. 어린 시절 어머니께 똑같은 꾸중을 들으면서 자랐거든요. 소희 아빠도 마찬가지예요. 내 일, 남 일을 따지지 않고 도우면서 살아왔어요. 동네 어른들은 그런 소희 엄마 아빠를 친자식처럼 귀하게 여기시죠. 소희네는 넉넉하진 못해도 식구들끼리 서로 아끼고 동네 사람들과 따스한 정을 나누는 화목한 집이에요.

소희 엄마는 딸에게 한 말을 되새기며 살아온 날들을 돌이켜보았어요. 비싼 차를 타지 않았고, 비싼 옷을 입고 살지도 않았지만 한 번도 불행하다고 생각하지 않았어요. 이웃집 농사가 잘되면 자기 일처럼 기분이 좋았고, 이웃집 할머니께서 편찮으시다가 자리를 털고 일어나시면 자기 일처럼 기뻤어요. 그래서 늘 행복했지요. '우리 딸도 그렇게 살아가겠지.' 하고 생각하면서 엄마는 잠든 딸의 머리칼을 한 번 쓰다듬어 주고 방을 나왔어요.

스스로 바보라고 하신 노자 할아버지께서는 불행하셨을까요? 물론 아니랍니다. 할아버지는 도道를 모시고 사는 것이 가장 자유롭고 아름답고 평화로운 것임을 아셨어요. 영리하게 자기를 잘 챙기고 경쟁에서 앞서는 사람이 쓸모 있다고 평가되는 세상에서, 그 쓸모에 맞추느라 자신을 버리지 않으셨어요. 그러니 세상 사람들과 달라 보일 수밖에요.

사람들은 저마다 쓰임새가 있는데 나 홀로 완고하여 쓰일 곳이 없구나. 나 홀로 세상 사람들과 달라서 어머니한테 얻어먹고 자라는 것을 귀하게 여긴다.

할아버지 말씀처럼 소희네 식구 같은 사람들은 어머니의 양식을 먹고 어머니의 법칙으로 살아가요. 소희가 어머니께 물려받은 것은 나와 남을 구분할 줄 모르는 고운 심성이에요. 남과 나, 잘난 사람과 못난 사람, 높은 사람과 낮은 사람을 가리지 않고, 똑같이 햇빛과 비를 내리고 똑같이 먹을 것을 내어 주는 하늘과 땅 같은 마음이 바로 어머니 마음이에요. 노자 할아버지께서 말씀하시는 도道가 바로 그런 어머니 마음이지요.

소희처럼 늘 양보하고 손해만 보는 것 같은데도 기분 좋게 사는 바보 친구가 곁에 있나요? 있다면 하느님께서 보내 주신 스승이에요. 혹 그런 친구를 무시하는 마음은 없는지, 자기 마음을 늘 살펴보세요. 자기가 남보다 똑똑하고 지혜롭다고 생각하는 사람이 사실은 가장 어리석은 사람이에요.

나야말로 바보로구나

20장 我愚人之心也哉아우인지심야재아! 沌沌兮돈돈혜로다.
俗人속인은 昭昭소소어늘, 我獨若昏아독약혼하고,
俗人속인은 察察찰찰이어늘, 我獨悶悶아독민민이로다.

나야말로 바보의 마음이로구나. 멍청하고 멍청하구나.
세상 사람들은 빛나는데 나는 홀로 어둡고,
세상 사람들은 똑똑한데 나는 홀로 둔하구나.

衆人중인은 皆有以개유이로되, 而我獨頑且鄙이아독완차비로다.
我獨異於人아독이어인하여 而貴求食於母이귀구식어모로다.

사람들은 저마다 쓰임새가 있는데 나 홀로 완고하여 쓰일 곳이 없구나.
나 홀로 세상 사람들과 달라서
어머니한테 얻어먹고 자라는 것을 귀하게 여긴다.

가진 것을 자랑하는 일, 그만 두는 게 옳다

持而盈之 不如其已 지이영지 불여기이

슬비의 눈엔 눈물 마를 날이 없었어요. 아빠가 걱정하실까 봐 밤마다 이불을 뒤집어쓰고 울었어요. 학교에서 누군가가 슬비에게 말을 걸면 곧 한 패거리의 여자아이들이 나타나서,

"너 왜 저런 애랑 말을 하냐?"

하면서 말을 건 아이까지 따돌리려고 해요. 소풍 가서 밥 먹을 때도 혼자 먹어요. 슬비는 잘못한 것이 없어요. 그런데도 친구들은 슬비의 머리에 이가 있다고 거짓 소문을 퍼뜨리고, 슬비가 누군가의 욕을 했다고 모함하고, 마치 자기 종을 하나 둔 것처럼 함부로 심부름을 시켜요. 마음 약한 슬비는 혹시라도 자기를 친구로 삼아 줄까 기대하면서 친구들의 심부름을 다 해 줘요. 엄마가 없는 슬비의 눈에는 슬픔이 담겨 있어요. 목소리도 크지 않고 친구들과 활발하게 어울리지

도 못해요. 그런 부분이 아이들에겐 함부로 찔러대기 딱 좋은 놀잇감이 되는 거지요.

공부를 잘 못하는 친구를 얕잡아 보는 것은 그 친구보다 조금 나은 자기의 성적을 자랑하는 것과 같아요. 그것은 또 나보다 공부를 잘하는 친구가 나를 얕잡아 봐도 좋다는 허락의 뜻이기도 해요. 부모님이 일하시느라 바빠서 잘 돌봐 주시지 못해 옷차림이 남루한 친구를 무시하는 것은 그 친구의 집보다 조금 나은 자기 부모님의 형편을 자랑하는 거예요. 그것 역시 나보다 부자인 친구가 나를 깔보아도 좋다는 허락이겠지요. 나쁜 행동을 하는 것은 나쁜 행동을 내가 당해도 좋다는 마음의 표현이란 걸 분명하게 알아야 해요. 학교에는 말이 없고 온순한 친구를 괴롭히는 사람들이 꼭 있어요. 그것도 혼자가 아니라 비겁하게 여럿이 편을 짜서 작정하고 못살게 굴지요. 특히 언니나 형, 오빠가 있는 아이들은 마치 큰 세력이라도 뒤에 있는 것처럼 으스대면서 아이들을 위협해요. 선생님께서 눈치를 채고 나무라시면,

"장난으로 그랬어요. 앞으론 안 그럴게요."

하고 거짓으로 반성하는 척하면서 뒤에 가서는 선생님께 일렀다고 더 괴롭히지요. 하느님께서는 우리가 하는 모든 일을 다 아시고 저울에 달아 보신다고 했어요. 괴롭힘을 받는 친구들의 하루하루가 얼마나 힘들고 슬픈지 하느님께서는 아실 거예요. 아픔을 준 사람의 말과 행동을 저울엔 잰 것처럼 정확하게 기억하실 거예요. 사람의 마음에 상처를 주는 것보다 더 큰 죄가 어디 있을까요? 그런 못된 짓을 할 수

있는 교만한 마음은 도대체 우리 마음 어디에서 생기는 걸까요? 그것은 착각에서 오는 거예요. 내가 다른 친구보다 나은 실력을 갖췄다는 생각, 힘이 있다는 생각, 내가 더 부자라는 생각, 친구를 괴롭혀도 될 만한 위치에 있다는 참으로 하찮고 부끄러운 생각이지요.

가진 것을 자랑하는 일을 멈춰라.

하고 노자 할아버지께서도 말씀하셨어요.

사람들은 이러저러한 것들을 소유했다고 생각하지만 그건 착각이에요. 돈, 건강, 힘, 명예…… 사람들이 갖기 원하는 그런 것들은 사실은 불완전하기 짝이 없어요. 누가 이 세상의 모든 지식을 다 가지고 있다고 말할 수 있겠어요? 누가 자기의 지식이 완전하다고 자랑할 수 있겠어요? 돈과 건강과 힘과 명예는 내 것인 것처럼 보여도 한순간에 날아갈 수 있으며, 영원할 수 없는 것들이에요. 그리고 그것들은 아무리 많이 가져도 만족할 수 없어요. 가지면 가질수록 더 많이 갖고 싶으니까요.

우리에겐 친구를 괴롭힐 수 있는 어떤 자격도 권리도 없어요. 그러므로 말과 태도가 교만하다는 건 자기가 무지하다는 걸 드러내는 일이에요. 생각이 깊지 못하다는 걸 자랑하는 일이지요. 어떤 사람의 교만한 태도는 그가 정말 아름답고 좋은 일에 함께할 만한 사람이 못 된다는 증거예요.

"슬비야, 두려워하지 마라. 그 아이들도, 아이들의 언니나 형, 오빠도 너를 해칠 수가 없어. 두려움은 상대방을 똑바로 보지 못하게 해. 두려움이 사라지면 그 아이들의 까닭 없는 괴롭힘을 쉽게 막아낼 수 있단다. 슬비 네가 오히려 그 친구들을 안쓰러운 마음으로 바라보아 주어야 할 것 같구나."

슬비를 감싸 주고 사랑해 주시던 얌전할머니께서 돌아가신 뒤에 노자 할아버지는 자주 슬비 곁에 와서 말씀해 주셨어요. 할아버지의 격려를 받으면서 슬비는 자신이 한 뼘씩 자라고 있다는 걸 느끼고 있어요. 슬비를 괴롭히는 친구들은 아직 어린 아이들이었던 거예요. 패거리를 짓지 않으면 슬비를 상대하지 못하는 약한 아이들일 뿐이었어요. 어린 아기가 와서 자기 딴엔 힘껏 때린다고 주먹을 휘둘러도 어른에겐 아무것도 아닌 것처럼 내 마음과 생각이 커지면 누가 와서 무슨 짓을 해도 두렵지도, 마음이 상하지도 않아요. 좀 성가시긴 하겠지만요. 그리고 상대방이 먼저, '저 아이는 이제 괴롭힐 수 없는 상대구나.' 하고 알게 되는 거예요.

괴롭힘을 받은 아픈 시간이 있었지만 슬비는 할아버지 말씀에 귀를 기울이며 한 걸음 성장했어요. 남의 가슴을 후벼 파는 친구들의 옳지 않은 행동도 오래가진 않을 거예요.

길이 아니면 곧 끝난다.

라고 할아버지께서 가르쳐 주셨거든요. 옳지 않은 일을 하는 사람은 곧 그 일을 끝내게 되어 있어요. 슬비가 흘린 눈물과는 비교되지 않을 만큼 힘든 대가를 치르면서 말이에요. 그러니 우리는 "그만두라, 멈추라." 하시는 옛 어르신의 말씀을 깊이깊이 새겨들어야 해요.

가진 것을 자랑하는 일, 그만 두는 게 옳다

9장 持而盈之지이영지는 不如其已불여기이라.

① 가진 것을 자랑하는 일을 멈춰라.
② 갖고 있으면서도 가득 채우려는 것은 그만두느네만 못하다.

＊이 책에서는 ①번의 해석을 따랐습니다.

55장 不道부도는 早已조이라.

길이 아니면 곧 끝난다.

높은 덕德을 지닌 사람은
덕을 마음에 두지 않는다

上德不德 상덕부덕

"다른 반 아이들은 착한 일을 하면 상점을 받는데 우리 선생님은 왜 상점을 주시지 않는지 모르겠어요. 그래서 우리 반 아이들은 상점 왕이 될 수 없어요. 상점왕이 되면 문화상품권을 탈 수 있는데 말이에요. 억울해요!"

시원이의 불평을 듣고 노자 할아버지께선 빙그레 웃으셨어요.

"어떤 착한 일을 해야 상점을 받지?"

할아버지께서 물으셨어요.

"옆 반 규호는 쓰레기통을 수세미로 닦아서 상점을 받았고, 민찬이는 석일이가 팔에 깁스했을 때 식판을 대신 들어 줘서 받았고, 지혜는 특별실 수업할 때 교실 형광등이랑 냉난방기 전원 잘 끄고 나간다고 받았어요. 그건 우리 반 아이들도 다 하는 건데 우리 선생님은 고맙다는 말씀만 하시지 상점은 안 주세요. 이건 정말 불공평해요."

"맞아요. 그래서 옆 반 애들은 착한 일을 더 많이 해요. 석일이 팔 부러졌을 때도 서로 식판을 들어 주려고 난리 났었어요."

옆에 있던 우중이도 시원이의 말에 맞장구를 쳤어요.

"그래? 석일이가 기분이 좋았겠구나."

할아버지께서 감탄하셨어요. 그런데 시원이와 우중이는 얼른 대답하지 않았어요.

"왜? 시원이, 우중이 너희들이 어려운 일을 당했을 때, 친구들이 서로 돕겠다고 하면 기쁘지 않겠어?"

"네. 별로 기쁘지 않을 것 같아요."

시원이가 시무룩한 얼굴로 대답했어요.

"어째서?"

"저를 도와주고 싶어서가 아니라 상점을 받으려고 하는 것이니까요."

우중이도 대답했어요.

"싸우기도 하는 걸요. 이슬이가 칠판을 깨끗이 닦아서 선생님이 칭찬하셨는데 다른 애들이 자기도 닦았다고 거짓말을 했어요. 이슬이는 조금밖에 닦지 않았다고 하면서요. 그래서 선생님이 화가 나셨어요."

"그럼 쓰레기통을 깨끗이 닦고, 식판을 들어 주고, 칠판을 닦고, 착한 일은 했는데 그 일로 아무도 행복하지 않았네?"

"네."

시원이와 우중이는 고개를 끄덕일 수밖에 없었어요. 상점을 받은 친구들의 착한 일은 알고 보니 착한 일이 아니었어요.

그래서 상덕上德은 부덕不德이란다. 가장 높은 덕德을 지닌 사람은 자기가 베푼 덕을 덕으로 여기지 않는다는 말이야. 자기가 덕을 베풀었다는 사실조차 기억하지 않지. 그래서 덕이 높은 거란다. 반대로 낮은 덕을 지닌 사람은 자기가 뭘 베풀었다는 사실을 잊지 않지. 그래서 덕이 없는 것이지.

할아버지 말씀을 듣고 시원이는 담임 선생님께 왜 상점을 주지 않느냐고 따진 일이 부끄러웠어요. 일 년 동안 아침마다 반 친구들에게 우유를 나눠 주는 일을 했기 때문에 봉사상을 탈 거라고 기대하고 있던 우중이도 자기는 '하덕下德'이라고 생각했어요.

예수님께서 말씀하셨지요.

자선을 베풀 때에는 오른손이 하는 일을 왼손이 모르게 하여 그 자선을 숨겨 두어라.

(마태 6:3)

신부님께서는 왼손을 자기 마음이라고 생각하면 좋겠다고 하셨어요. 내가 착한 일, 좋은 일을 할 때, 내 마음이 '내가 착한 일을 하는구나.'하고 으스대면서 남들이 알아주길 기대하지 않게 하자고요.

'신부님이 말씀하신 것이 상덕上德이구나.'

우중이는 깜짝 놀랐어요. 이해하고 있다고 생각되던 말이 갑자기 한 걸음 깊어진 뜻을 가지고 다가오는 거예요. 아, 새로운 것을 깨닫는 것은 이렇게 행복한 일일까요?

"할아버지께서는 언제나 저희가 생각하지 못한 것을 가르쳐 주세요."

우중이는 기분이 좋아서 외쳤어요. 할아버지께서도 기분 좋게 웃으시면서 대답하셨어요.

"네가 모르는 것을 내가 가르쳐 준 것이 아니고, 원래 알고 있는데 미처 생각지 못한 것을 너희가 이야기하는 중에 스스로 떠올리게 된 것이란다."

우중이는 할아버지 말씀을 듣고 자기가 대단하다는 생각이 들었어요. 이런 멋진 생각이 원래 내 속에 있던 것이라니. 태어나면서부터 이미 상을 받은 것이었어요.

"할아버지, 내가 착한 일을 한다는 생각을 하지 못하는 상태에서 어느 틈엔가 착한 행동이 내 몸을 움직여서 이루어지는 것이 상덕上德이죠?"

"그렇지."

시원이도 멋있게 말했어요.

"난초는 하루 종일 온 우주에 향기를 풍기면서도 자신은 향기를 풍긴다는 사실을 모른다고 신부님이 말씀하셨어요. 그것이 덕이죠?"

"그렇고 말고."

할아버지께서 이렇게 맞장구를 쳐주시면 기분이 참 좋아요. 선생님도 이 기쁨을 알고 계시기 때문에 상점을 따로 안 주시는 거겠죠?

늘은 덕德을 지닌 사람은 덕을 마음에 두지 않는다

38장 上德상덕은 不德부덕이라, 是以시이로 有德유덕하고,
下德하덕은 不失德불실덕이라, 是以시이로 無德무덕이니라.

늘은 덕을 지닌 사람은 덕을 마음에 두지 않는다.
그래서 덕이 있고, 낮은 덕을 지닌 사람은 덕을 잃지 않으려고 한다.
그래서 덕이 없다.

부드럽고 약한 것이
단단하고 강한 것을 이기고

柔弱勝剛强 유약승강강

신부님이 논에 다녀오시는 길에 버스에서 내리는 민준이를 만났어요. 민준이는 신부님과 눈이 마주쳤는데도 못 본 척 고개를 숙이고 지나쳐 가려고 했어요.

"민준아, 학교 다녀오니?"

민준이는 신부님이 말을 걸자 마지못해 고개를 꾸벅 숙이고는 터벅터벅 걸어갔어요.

"같이 가자. 기분이 안 좋아 보인다. 무슨 일 있어?"

민준이는 걸음을 늦춰 같이 걷긴 했지만 입을 떼지 않았고 신부님도 더 말을 걸지 않고 그냥 걸으셨어요. 성당 앞까지 왔어요. 이제 골목만 돌아가면 민준이네 집이에요.

"잘 가라. 기분이 계속 안 좋으면 저녁 먹고 놀러 오고."

민준이가 갑자기 눈물을 주먹으로 훔치면서 말했어요.

"주혁이 가만 안 둘 거예요. 복수하고 말 거예요."

신부님은 흙먼지가 꼬질꼬질한 민준이의 옷을 보고 주혁이가 또 민준이를 괴롭힌 걸 짐작하셨어요. 얼마나 분했을까? 집에 오는 동안 주혁이를 때려눕히는 상상을 열 번도 더 했을 거예요. 몸집이 크고 힘이 센 주혁이는 친구들을 괜히 툭툭 치고 발을 걸어 넘어뜨리고, 제 맘대로 친구들의 물건을 가져다 쓰고, 과자 사오라며 민준이를 무단외출까지 시켜요. 선생님도 주혁이 부모님도 늘 고민이에요. 신부님은 단호하게 말씀하셨어요.

"민준이는 주혁이를 결국 이기게 되어 있어."

믿기지 않지만 뭔가를 기대하는 마음이 민준이 표정에 떠올랐어요.

"노자 할아버지가 그러셨다. 네가 이긴다고. 들어가서 씻고 같이 밥 먹을까? 엄마한테는 내가 전화 드릴게."

신부님은 민준이 엄마에게 전화 하고 밥상을 차리면서 노자 할아버지의 말씀을 되새겨 보셨어요.

장차 약하게 하려면 반드시 강하게 해 주어야 하고, 장차 무너뜨리고자 하면 먼저 일으켜 주어야 하고, 빼앗고자 하면 반드시 주어야 한다.

노자 할아버지께서는 왜 이런 말씀을 하셨을까? 마치 상대방을 약하게 만들어 무너뜨려 그가 가진 것을 빼앗으려는 방법처럼 느껴져 오랫동안 신부님을 고민하게 한 말씀이었어요. 그건 신부님이 바라는 일이 아니거든요. '꿈보다 해몽'이라는 말이 있지요. 어떤 이야기를 들을 때, 어떤 사건이 다가올 때, 그것으로부터 무엇을 배우고 얻는가는 사람마다 다를 수 있어요.

신부님께서 물으셨어요.
"민준아, 네가 주혁이보다 힘이 세져서 복수를 하면 속이 시원하겠지? 이번엔 주혁이가 울면서 민준이에게 복수하겠다고 다짐할 거야."
민준이는 상상만 해도 기분이 좋을 줄 알았는데 왠지 뛸 듯 기쁘지가 않았어요.
"만약에 주혁이가 민준이에게 진심으로 사과하면 어떨까? 민준이는 둘 중 어떤 것이 더 좋아?"
"하지만 주혁이는 그럴 애가 아니에요."
"그래. 하지만 그건 주혁이의 숙제이고, 지금 우리에게 중요한 건 민준이 마음이야. 네가 진짜 원하는 것이 무엇인지를 알아야 해."
민준이는 맛있는 저녁도 먹고 신부님의 진심 어린 위로를 받아 기분이 좋아지고 여유도 생겼어요. 그래서 두 번째가 더 좋겠다고 생각하게 되었어요.

"민준이가 자기를 괴롭힌 주혁이에 대해 이런 마음을 먹는다는 걸 누가 상상할 수 있을까? 그래서 노자 할아버지께서는,

부드럽고 약한 것이 단단하고 강한 것을 이긴다.

하고 말씀하셨단다. 그게 상대방을 무너뜨리려는 대신 부축하여 일으켜 세워 주는 마음이지. 그 마음이라야만 주혁이 마음을 바꿀 수 있지 않을까? 주혁이가 잘못을 뉘우치게 되면 민준이가 이긴 거야. 민준이 덕분에 주혁이가 자신을 이긴 거지. 그러니 둘이 함께 이긴 거야."

민준이는 정말 그랬으면 좋겠다고 생각했어요. 복수하겠다고 마음 먹었을 땐 분해서 견딜 수가 없었는데 주혁이가 좋은 친구가 되었으면 좋겠다고 생각하니 마음이 가벼웠어요. 신부님도 민준이와 이야기하는 동안 의문이 풀렸어요.

예수님께서 말씀하셨죠.

네 뺨을 때리는 자에게 다른 뺨을 내밀고, 네 겉옷을 가져가는 자는 속옷도 가져가게 내버려 두어라.

(루카 6, 29)

그 말씀이 폭력에 대한 단호한 거부임을 알 것 같았어요. 폭력을 쓰는 사람은 늘 폭력의 사슬 속에서 살아갈 수밖에 없어요. 학교에서도 폭력적인 아이들 눈에 먼저 띄는 아이들은 역시 폭력을 쓰는 아이들이죠. 남의 뺨을 때리는 사람이 남에게 뺨을 맞게 되어 있지요. 남의 겉옷을 빼앗는 사람이 속옷마저 빼앗기며 살 가능성이 높아요. 마치 먹이사슬과도 같이 자기보다 약한 사람을 괴롭히는 동시에 힘 센 상대에게는 비인격적인 모독을 당하면서 살아가요. 사실 그들은 자신마저 스스로 지킬 수 없는 나약한 사람들이에요.

폭력에 대해 진심으로 아파하고 고민하는 사람이 결국은 폭력을 해결할 수 있어요. 그의 약함과 부드러움이 세상의 모든 문을 여는 열쇠이기 때문이지요. 약하다는 것은 나약한 게 아니라 똑같은 폭력으로 맞서지 않는다는 뜻이에요. 폭력을 사용하는 사람을 두려워하는 것이 아니라 오히려 가엾게 여기는 거예요. 우리가 가진 생각의 깊이, 단호함의 무게는 말과 표정에 드러나게 되어 있어요. 이런 고민을 하면서 지내는 동안 민준이 눈은 더욱 슬기로워지고 몸 전체에서 부드러운 힘이 풍겨 나오게 되겠지요. 머지않아 주혁이는 민준이가 만만치 않은 상대라는 것을 알게 될 거예요.

부드럽고 약한 것이 단단하고 강한 것을 이기고

36장 將欲弱之장욕약지면, 必固强之필고강지하고,
將欲廢之장욕폐지면, 必固興之필고흥지하고,
將欲奪之장욕탈지면 必固與之필고여지라.

장차 약하게 하려면 반드시 강하게 해 주어야 하고,
장차 무너뜨리고자 하면 반드시 먼저 일으켜 주며,
빼앗고자 하면 반드시 주어야 한다.

柔弱勝剛强유약승강강

부드럽고 약한 것이 단단하고 강한 것을 이긴다.

비웃지 않으면 도道가 아니다

不笑 不足以爲道 불소 부족이위도

아이들은 성당에서 놀다가도 화장실에 갈 일이 있으면 저희 집으로 뛰어가곤 했어요. 성당의 화장실은 수세식 화장실이 아니거든요. 성당 뜰에서 들깨밭으로 가는 길 닭장 옆에는 신부님이 만드신 '뒷간'이 있어요. 뚜껑 손잡이를 들어 구멍을 열고 볼일을 보면 왕겨와 재를 담은 통으로 떨어지게 되어 있죠. 그렇게 모은 똥오줌을 잘 삭혔다가 거름으로 쓰는 거예요. 아이들은 뒷간 문과 뚜껑의 손잡이에 손을 대는 것도 더럽다고 싫어했어요. 그러던 어느 날 점심때 삼겹살을 잔뜩 먹었다고 자랑하던 시원이가 배가 아프다고 갑자기 뛰어 나갔어요. 도저히 집에까지 갈 수가 없었는지 뒷간으로 뛰어들었지요. 볼일을 보면서 시원이는 뒷간이 전혀 더럽지 않다는 걸 알았어요.

왕겨와 재는 구멍 아래 자그마한 통에 깨끗하게 담겨 있었고, 나무를 켜서 만든 문틈 사이로 따스한 햇볕과 들깨밭의 고소한 냄새가 흘러들어 왔어요. 시원이는 기분 좋게 볼일을 본 다음, 신부님이 벽에 써 붙여 놓으신 설명대로 왕겨를 집어서 골고루 뿌렸어요. 화장지도 꼭 필요한 만큼만 뜯어 썼어요. 뒷간에서 나와 손을 씻고 시원이가 친구들에게 말했어요.

"뒷간이 더러운 줄 알았는데 수세식 화장실보다 좋은 냄새가 났어. 너희도 가 봐."

"짜식아, 어떻게 똥깐에서 좋은 냄새가 나냐? 너 냄새 잔뜩 나는 똥 누고 와서 우리 골탕 먹이려고 그러지? 니 똥 냄새 맡게 하려고."

우중이 말에 아이들이 웃어댔어요. 신부님이 아이들 이야기를 듣다가 말씀하셨어요.

"시원이 말이 맞아. 우리 성당에서 가장 깨끗한 곳이 뒷간이란다. 우리 똥오줌을 받아 주는 곳이 뒷간 말고 또 있어? 노자 할아버지께서도 '아주 깨끗한 것은 더러워 보인다.'라고 하셨어."

신부님은 걸레나 뒷간처럼 사람들이 더럽다고 생각하는 것이 가장 깨끗한 것이라는 걸 알아보는 눈이 있어야 세상을 아름답게 살 수 있다고 말씀하셨어요. 뒷간과 걸레가 깨끗하다는 말씀이 잘 와 닿지 않아서 아이들은 머뭇거렸어요. 그때 우중이 마음속에 떠오른 노자 할아버지의 말씀이 있었어요.

뛰어난 선비가 도道를 들으면 부지런히 행하고, 보통 사람은 도를 듣고 긴가민가하고, 어리석은 사람은 도를 듣고 크게 비웃는다. 그가 비웃지 않으면 도라고 하기에 부족하다.

노자 할아버지와 신부님께서 거짓 말씀을 하지 않으신다는 것을 우중이는 알고 있어요. 아이들도 모두 알고 있어요. 그런데도 그 말씀에 긴가민가하는 건 우리가 보통 사람이거나 못난 사람이어서 그렇다고 우중이는 생각했어요. 수세식 화장실은 물을 내려 버리고 나면 당장은 깨끗한 것처럼 보이지만 결국 빠져 나간 똥오줌은 여러 단계로 물을 오염시키고, 화장실 안에도 똥 냄새가 한동안 맴돌아요. 시원이 말대로 재래식 뒷간은 공기가 잘 통하니까 좋은 냄새가 날 수도 있는데, 왜 생각도 안 해 보고 비웃기부터 했을까? 못난 사람이 비웃지 않으면 도道가 아니라는 할아버지 말씀이 실감이 났어요.

아빠도 말씀하셨어요. 사람들은 옳은 이야기를 들으면 무시하거나 비웃거나 심지어 화를 낸다고요. 신부님이 처음 우리 마을에 오셔서 농약을 안 치고 농사짓겠다고 하셨을 때 우리 마을 어른들은 쓸데없는 소리라고 비웃으셨대요. 왜 그런 것이냐고 우중이가 여쭈어 보았더니 아빠는 이렇게 말씀하셨어요.

"오랫동안 굳어진 생각이라 의심을 할 수가 없고, 익숙한 생각과 습관을 바꾸기가 쉽지 않고, 또 새로운 삶을 선택할 때 어떤 불이익이 올까 두렵기도 하고, 왠지 그게 힘들 것 같으니까…… ."

말이 없는 아빠로선 꽤 길게 이야기하신 편이었죠. 그렇게 말씀하셨던 아빠는 결국 신부님과 함께 농약을 치지 않는 농사를 짓고 있어요.

시원이와 우중이가 성당 뒷간을 사용하기 시작한 뒤로 아이들은 아무렇지도 않게 뒷간에 가게 되었어요. 신부님은 우리 마을 아이들이 도를 들으면 힘써 행하는 '상사上土', 뛰어난 선비라고 칭찬하면서 웃으셨어요.

41장 太白태백은 若辱약욕이라.

아주 깨끗한 것은 더러워 보인다.

上士상사는 聞道문도에 勤而行之근이행지하고,
中士중사는 聞道문도에 若存若亡약존약망하고,
下士하사는 聞道문도에 大笑之대소지하나니
不笑불소면 不足以爲道부족이위도니라.

뛰어난 선비가 도道를 들으면 부지런히 행하고,
보통 사람은 도를 듣고 긴가민가하고,
어리석은 사람은 도를 듣고 크게 비웃으니,
그가 비웃지 않으면 도라고 하기에 부족하다.

만족할 줄 알면 욕됨이 없고, 그칠 줄 알면 위태롭지 않다

知足不辱, 知止不殆 지족불욕, 지지불태

어제는 우리 동네 나무카페의 주인이신 김유신 아저씨 콘서트가 있었어요. 유신 아저씨는 블루스 음악을 하는 분이에요. 블루스는 미국으로 끌려간 아프리카 흑인 노예들이 아프리카 토속 음악에 자신들의 처지를 담아 노래하면서 시작된 음악이에요. 그렇다고 우울하기만 한 것은 아니에요. 삶에서 느낄 수 있는 기쁨, 분노, 슬픔, 즐거움이 고루고루 담겨 있어요. 아저씨도 자신이 살아가는 이야기를 노래로 만드신대요.

"착하게 살아라, 꿈을 꾸며 살아라, 상상하며 살아라, 그러면 좋겠다!"

아저씨가 우리 동네 아이들에게 해 주시는 말들이 그대로 노래 속에 담겨 있어요. 아저씨는 '착한 사람들이 즐겁게 어울려 사는 세상'

을 상상한대요.

공연을 보려고 신부님이랑 우리 동네 어른들과 아이들은 학교 버스를 타고 도시로 나갔어요. 선생님들과 교장 선생님도 함께 가셨죠. 어제 오후 수업은 유신 아저씨의 공연을 보는 것이었어요. 소극장에 도착해 보니 기자 아저씨들도 오시고 음악 하는 유신 아저씨 친구들도 많이 오셨어요. 아저씨는 기타를 치며 노래를 부르셨는데 신부님 말씀이 기타가 아저씨와 함께 웃고 우는 것 같았대요. 노래가 끝날 때마다 커다란 박수가 쏟아졌어요. 공연이 끝나자 기자 아저씨들이 유신 아저씨에게 다가와 인터뷰를 요청했어요.

"지방 소도시에 있으면 아무래도 음악 활동에 제한이 있을 것 같아요. 서울에서 활동하시는 게 여러 가지로 유익하지 않을까요?"

아이들은 옆에서 기자 아저씨들의 질문을 듣고 근심스러웠어요.

'아저씨가 유명해져서 우리 동네를 떠나시는가 보다.'

하고 말이에요.

그렇게 되면 아저씨 아들 휘연이와 딸 세연이도 서울로 전학을 가게 되어 아이들은 친구들과 헤어지게 되잖아요. 그리고 아줌마가 만들어 주시는 나무카페의 맛있는 돈가스도 못 먹게 될 거구요. 그런데 뜻밖에도 아저씨는 이렇게 대답하셨어요.

"유행에 휩쓸리지 않고 제가 하고 싶은 음악에 전념할 수 있어서 오히려 우리 동네가 자유롭고 편합니다. 음악이 좋으면 사람들이 결국 듣게 될 겁니다. 어디에서 하느냐는 큰 문제가 되지 않습니다."

"음악가로서 김유신 씨의 목표는 뭡니까?"

"목표를 정해 놓고 그것을 이루기 위해 숨 가쁘게 달려가는 것은 저와 맞지 않습니다. 저는 다만 과정을 재미있게 즐기면서 한 걸음 한 걸음 살고 싶습니다. 제가 하고 싶은 일은 우리의 전통 음악을 우리 동네 사람들도 생활 속에서 자연스럽게 부를 수 있게 되살려 내는 일입니다."

신부님은 아저씨가 인터뷰하는 것을 옆에서 들으면서 기쁜 미소를 지으셨어요. 아이들도 아저씨가 마을을 떠날 생각이 없는 것을 알고 기뻐했어요. 게다가 우리 동네에서도 멋진 음악을 하실 수 있다니, 하루하루가 즐거우시다니 정말 뿌듯했어요.

이름과 몸, 그중에 어느 것이 나에게 가까운가? 몸과 재물, 그중에 어느 것이 나에게 소중하며 얻음과 잃음, 그중에 어느 것이 나에게 해로운가?

어느 날 신부님께서 들려주신 노자 할아버지의 말씀이에요. 이름이란 말을 명예로, 몸을 삶, 혹은 사람으로 바꾸어서 읽어 보세요. 명예와 건강한 삶 중에서 소중하게 생각해야 할 것은 몸이겠지요. 사람과 재물 중에서 하나를 고른다면 당연히 사람이 중요한 존재가 되겠고요. 내가 없는데 명예가 무슨 소용이겠어요? 사람이 없으면 재물은 누가 쓰고요? 그러니까 몸을 잃고 명예와 재물을 얻거나, 명예와 재물을 잃는 대신 몸을 얻는 것 중에서 어느 것이 나에게 득이 되고 해가 될지에 대해 생각해 보자는 말씀이에요.

아저씨는 유명한 가수가 되어서 돈을 많이 버는 데 목표를 두지 않았기 때문에 사랑하는 가족과 이웃들과 더불어 나누는 시간을 포기하지 않았어요. 인기 있는 음악을 하려고 자신이 좋아하는 음악을 버리지 않았어요. 이름명예보다 몸삶을 선택했고 재물돈보다 몸사람을 소중하게 생각하셨어요. 돈과 명예를 얻고 사람을 잃는 것이 아저씨에겐 큰 손실이란 걸 아신 거지요.

노자 할아버지께서는 또 이렇게 말씀하셨어요.

만족할 줄 알면 욕됨이 없고 그칠 줄 알면 위태롭지 않아서 오래갈 수 있다.

시내에 기타교실을 열고 수강생들을 많이 받아서 날마다 돈을 벌면 부자가 될 텐데, 아저씨는 지금도 부족하지 않다고 하셔요. 동네 어르신들은 유신 아저씨네 식구들이 모두 마음 씀씀이가 바르다고 칭찬하셔요. 중학생 휘연이는 집에 돌아오면 곧장 밭에 나가 아빠 일을 돕고 초등학생 세연이는 엄마를 도와 설거지를 잘해요. 손님들이 비누 거품 묻은 접시에 음식을 드시면 안 된다면서 고사리손으로 접시를 뽀득뽀득 씻고 또 씻어요. 아빠, 엄마가 안 계실 때에도 동네 어르신들이 오시면 시원한 물 한 잔이라도 떠다 드리고 냉장고에 과일이 있으면 접시에 담아 대접해 드려요. 이렇게 도란도란 행복하게 살 수 있는 것은 노자 할아버지의 말씀대로 유신 아저씨와 아줌마가 지금 이 순간에 만족할 줄 알기 때문이겠지요?

아저씨 덕분에 우리 동네 아이들은 만족할 줄 알면 욕됨이 없다는 노자 할아버지의 말씀을 알아듣게 되었어요. 언젠가 빠른 성공이 앞에 펼쳐질 때 아이들은 '착하게, 정직하게, 즐겁게 함께 사는 세상'을 기억하게 될 거예요. 명예와 돈이 우리를 유혹할 때 아저씨의 인터뷰가 떠오를 것 같아요. 노자 할아버지께서도 신호를 보내 주실 거예요.

"그만. 지금이 욕심을 그칠 때이다."

라고요. 아이들은 참 기뻤어요. 우리 동네에 이렇게 멋진 가수 아저씨가 있다는 것이요. 반짝 떠올랐다 잊히는 수많은 노래와 다르게 "상상하며 살아라."하고 이야기해 주셨던 아저씨의 노래는 가슴 속에 오래오래 남을 것 같아요.

만족할 줄 알면 욕됨이 없고, 그칠 줄 알면 위태롭지 않다

44장 名與身명여신은 孰親숙친하고,
身與貨신여화는 孰多숙다하며,
得與亡득여망은 孰病숙병고?

이름과 몸, 그중에 어느 것이 가깝고
몸과 재물, 그중에 어느 것이 소중하며,
얻음과 잃음, 그중에 어느 것이 해로운가?

知足지족이면 不辱불욕이요,
知止지지면 不殆불태하여 可以長久가이장구니라.

만족할 줄 알면 욕됨이 없고
그칠 줄 알면 위태롭지 않아서 오래갈 수 있다.

사람들은 지름길을 좋아한다

낳았으되 가지지 아니하고

나에게 보물이 셋 있어 **소중하게** 지니는데

옛적 훌륭한 선비들은 미묘현통하여

아무리 써도 힘겹지 않다

덕을 두터이 지니고 있는 사람은 갓난아기 같아서

하늘을 섬기는 데 아낌만한 것이 없다

성인은 사람을 잘 구하여, 버리는 일이 없고

3

하늘을 섬기는 데
아낌만 한 것이 없다

사람들은 지름길을 좋아한다

大道 甚夷 而民好徑 대도 심이 이민호경

길이 사라지고 있어요. 논과 밭을 끼고 산모롱이를 구불구불 돌아가는 마을 길, 시원한 산바람이 불어와 땀을 식혀 주는 고갯길, 붉은 고추를 햇볕에 널어 말리는 가을날의 시골길, 사람들이 잠시 비켜서서 자동차가 지나가길 기다려 주고 운전자도 속도를 줄이며 미안함과 고마움을 담아 인사를 하던 조심스러운 길들이 하나둘 사라지고 있어요.

그러나 또 온통 길뿐이에요. 우리나라에선 어딜 가나 굴착기가 산과 언덕, 길을 파헤치는 모습을 보지 않을 수 없어요. 조붓한 길, 구불구불한 길, 다정한 길들을 직선으로 좍좍 펴고 넓히지요. 자동차들만 사납게 달려갈 뿐, 사람은 얼씬도 할 수 없어요. 그뿐인가요? 마을을 두 동강 내어서 사람들은 길을 편안하게 오가지 못하고 컴컴한 굴

다리 아래로 지나다녀야 해요. 아무것도 모르고 길을 건너려던 동물들은 얼마나 많이 차에 치여 죽는지요. 피투성이가 된 고라니, 강아지, 고양이들의 살점이 길 위에 처참하게 흩어져 있어요.

사라진 길은 사람도, 동물도, 자동차도, 서로 바라보고 배려하던 편안한 길이었어요. 새로 만들어진 길은 산을 뚫어 버리거나 몇 십 년 자라온 나무들을 아무렇지도 않게 베어 버리면서 오로지 자동차의 속도만을 생각한 지름길, 폭력적인 길이에요. 노자 할아버지께서 사셨던 2천4백 년 전 사람들도 비슷했을까요?

큰길은 참으로 편안한데 사람들은 지름길을 좋아하는구나.

그렇게 말씀하신 걸 보면 말이에요. '큰' 길에 대해 생각해 볼까요? 옛적 어르신들께서 말씀하시는 '크다'는 사물의 크기만을 가리킨 것은 아니었어요.

"그 사람 참 큰사람이야."

그 말은 키와 몸집이 크다는 뜻보다는 마음가짐이 너그럽고 생각이 깊으며 덕德을 갖추어서 됨됨이가 두드러진 사람이라는 뜻이에요. '큰' 길도 마찬가지예요. 자동차가 무섭게 달리는 4차선, 6차선, 8차선의 너른 길을 말씀하신 게 아니라 사람이 마땅히 걸어야 하는, 또 걸어 볼 만한, 삶의 바른길을 말씀하신 거예요.

그런데 할아버지 말씀을 가만히 새겨 보면 사람들이 편안한 큰길을 별로 좋아하지 않는다는 뜻이 읽히지요? 왜 그럴까요? 사람들이 볼 땐 그 길이 절대로 편안해 보이지 않아서겠지요. 멀리 돌아가느라 힘만 들고 목표하는 결과를 빨리 얻을 수도 없는 길로 보여서 일 거예요.

봄, 여름, 가을, 겨울의 흐름을 보세요. 겨울이 도무지 끝날 것 같지 않았는데, 어느 순간 세상이 고운 연둣빛으로 차오르고, 또 잠깐 사이에 숲이 무성해져요. 화분에 꽃씨를 심어 보았죠? 조심조심 물을 주고 햇볕 잘 드는 창가에 놓아 주고 날마다 들여다보아도 도무지 싹 틀 기미가 보이지 않아요. 그러던 어느 날 싹이 뾰족 올라온 것을 보았을 때의 그 기쁨! 밭에 뿌리는 씨앗도 마찬가지예요. 떡잎이 올라온 뒤에도 지켜보고 있기가 답답할 만큼 쑥쑥 자라 주질 않아요. 하지만 어느 순간 보면 갑자기 상추가 손바닥만 해져 있어요. 그것이 자연自然이에요. 누가 만들어 내는 게 아니라 '스스로[自], 그러한[然]' 하늘과 땅의 이치이고 호흡이에요. 더딘 것 같지만, 자연의 호흡만큼 빠르고 분명한 것은 없어요. 농부 아저씨가 농사를 짓는 가장 빠르고 쉽고 좋은 방법은 모를 심고 나서 때에 맞게 벼가 자라고 이삭이 패고 낟알이 익을 때까지 기다리며 보살피는 거예요. 빨리 추수를 하고 싶다고 영글지도 않은 이삭에 낫을 갖다 대지는 않아요.

제철에 먹는 과일은 정말 상큼하고 맛있는데, 요즘은 모두 비닐하우스에서 철보다 이르게 키워 내는 바람에 제철엔 오히려 철에 맞는 과일을 구경도 할 수 없어요. 늘 더 비싸고 맛도 덜한 과일을 때에 맞지 않게 먹게 되지요. 조금이라도 벌레 먹은 채소나 과일은 소비자들이 좋아하지 않으니까 농부 아저씨들은 벌레를 잡으려고 사람의 몸에 좋지 않은 약을 많이 뿌려야 해요. 사람들이 빠르다고 착각하는 '지름길'이 그런 것이에요.

노자 할아버지께서는, 가능하지 않은 일에 욕심 부리지 않고 자연의 이치대로 사는 것을 "도道를 모시고 산다."고 하셨고, 이는 "하느님을 모시고 산다."는 말씀과도 같아요.

신부님께서는 가끔 물어 보셔요.

"하느님을 모시고 사는 게 쉬울까, 아니면 내 힘으로 사는 게 쉬울까?"

아이들은 큰 소리로 대답해요.

"하느님을 모시고 사는 게 쉬워요!"

신부님께서는 마음이 깨끗할 때만 그런 대답을 할 수 있다고 하셨어요. 남보다 내가 더 빨리 뭔가를 이루겠다는 사욕私慾이 있으면 그렇게 대답할 수 없대요. 그런 삿된[1] 욕심이 마음속에 생기는 순간, 하느님과 함께 걷는 넓은 길이 갑자기 좁고 험해 보이기 때문이래요. 그때부터는 지름길이 눈에 들어오고, 그 길로 가면 남보다 훨씬 부자가 될 것 같고 훨씬 행복해질 것 같은 생각이 들고요.

---

1 삿되다 : 보기에 하는 행동이 바르지 못하거나 개인적인 성질을 띠고 있는 것을 일컬음.

성경에 이런 이야기가 있어요.

너희는 좁은 문으로 들어가라. 멸망으로 이끄는 문은 넓고 길도 널찍
하여 그리로 들어가는 자들이 많다. 생명으로 이끄는 문은 얼마나 좁
고 또 그 길은 얼마나 비좁은지 그리로 찾아드는 이들이 적다.

(마태 7, 13-14)

가기 힘들 것 같고, 손해 볼 것 같고, 남보다 뒤처질 것 같아 사람
들이 잘 가려 하지 않는 길을 예수님께서는 '좁은 문', '좁은 길'이라
고 표현하셨고, 노자 할아버지께서는 알고 보면 좁은 그 길이 바로
'큰길'이라고, 겉으로 크고 빨라 보이는 길은 속임수라고 가르쳐 주
신 거예요.

마을과 마을을 평화롭게 이어 주는 아름다운 길들이 더는 사라지
지 않았으면 좋겠어요. 산을 깎아 내리고 바다를 막고 강을 파헤치는
굴착기를 더는 보지 않았으면 좋겠어요. 우리 마음에서 뭐든지 남보
다 많이 가지려고 하고 빨리 이루려고 하는 조급한 욕심이 사라지면
그렇게 되지 않을까요?

우리 영혼 속에 조붓하고 아기자기한 마을 길이 살아 있어야 해요.
들판도 보고, 오가는 사람들과 반가운 인사도 나누면서 천천히 걸을
수 있어야 해요. 그것이 하느님과 함께 걷는 가장 행복한 길이에요.

53장 大道대도는 甚夷심이하되, 而民好徑이민호경이니라.

큰길은 참으로 편안한데 사람들은 지름길을 좋아한다.

낳았으되 가지지 아니하고

生而不有 생이불유

　노릇노릇 잘 익은 벼 이삭이 물결치던 들판은 품안에서 키운 벼 이삭을 사람들에게 남김없이 내어 주고 이제 한가로이 쉬고 있어요. 신부님도 며칠 전에 작목반 어르신들과 함께 농사지은 벼를 수확하셨어요. 우리 신부님은 농부이시기도 해요. 작목반에서는 우렁이를 논에 풀어서 잡초의 싹을 뜯어 먹게 한답니다. 농약을 치지 않는 논엔 메뚜기도 많고 미꾸라지도 살아요. 신부님은 벼도 메뚜기도 사람도 함께 건강하고 행복해야 한다고 하셨어요. 벼와 메뚜기와 미꾸라지가 행복하지 않으면 사람도 행복할 수 없대요.

　성당 앞뜰의 은행나무가 노란 은행잎을 마당에 한 잎 두 잎 떨어뜨리고 있어요. 머지않아 은행잎이 성당의 뜰을 온통 노랗게 물들일 거예요. 성당 옆에 사는 동주는 학교에서 돌아오면 은행나무 아래에 와서 놀다 가곤 해요. 은행나무를 올려다보는 것도 좋아하고 은행나무 아래 놓인 평상에서 신부님과 어르신들께서 나누는 말씀을 듣는 것도 재밌어요. 평상에 공책을 펴 놓고 은행잎을 그려 보기도 하고 어른들이 나누시는 말씀을 옮겨 적어 보기도 해요. 신부님은 동주를 '작은 시인'이라고 부르시죠. 동주는 지금 자기 공책을 들여다보며 고개를 갸웃거리고 있어요. 어제 작목반 어른들께서 시루떡을 쪄서 성당으로 들고 오셨다고 적혀 있는데, 그다음에 이어진 문장들이 이해가 잘 안 돼요.

"신부님 올해도 고생 많으셨어요. 우렁이 사오는 것도, 쌀 포장도, 판매도, 힘든 일은 신부님이 다 하셨지, 우리는 뭐 한 일이 없네요."

"별말씀을 다 하셔요. 모내기 때 참[1] 내시랴, 뙤약볕에 피사리[2] 하시랴, 어르신들께서 고생하셨지요. 저야말로 한 일이 없는 걸요."

참 이상한 일이에요. 어르신들도 신부님도 모두 한 일이 없다고 말씀하시니 그럼 누가 일을 한 거죠? 신부님께 여쭈었더니 신부님께서는 빙그레 웃으시면서 빈 들판을 가리키셨어요.

"저 논이 벼를 키우고 낟알을 여물게 했으니까 논이 일한 게 아닐까? 논에 가서 물어봐. 동주는 시인이니까 논이 뭐라고 하는지 들을 수 있을 거야."

---

1 참 : 새참. 일을 하다가 잠시 쉬는 동안에 먹는 음식.
2 피사리 : 농작물에 섞여서 자란 피를 뽑아내는 일.

동주는 논 가운데로 걸어 보았어요. 벼 이삭 그루터기가 운동화 밑
으로 기우뚱기우뚱 밟혔어요.

"논아, 네가 일을 했니?"

바람이 휘 불어왔어요. 논이 뭐라고 대답할까, 동주는 가만히 귀를
기울였어요.

"아니야, 햇볕이 따스하게 비춰 주지 않았다면, 하늘이 비를 내려 주지 않으셨다면, 어떻게 벼가 익었겠어? 난 한 일이 없단다."

동주가 사랑하는 성당 앞뜰의 은행나무가 동주의 귀를 열어 준 것일까요? 동주가 오래오래 들여다보는 가을 하늘이 그렇게 해 준 걸까요? 아니면 동주의 머리를 쓰다듬어 주시곤 하는 할머니, 할아버지의 말씀을 귀담아듣다 보니 동주의 마음이 깊어진 것일까요? 아무튼, 동주는 논의 말을 그렇게 알아들었어요. 신부님께 말씀드렸더니 신부님께서 웃으시면서 대답하셨어요.

"동주는 역시 시인이야. 들판의 말을 알아들을 줄 알면 시인이란다."

"제 생각엔 모두가 일을 다 열심히 하셨는데 신부님과 할머니, 할아버지들께서 서로 무척 좋아하시니까 즐겁게 일을 해서 일하는 것이 힘들지 않으셨나 봐요. 재미가 있으면 일이 힘들지 않잖아요?"

신부님은 놀라셨어요. 노자 할아버지께서 신부님께 들려주신 말씀이 있어요.

낳았으되 소유하지 않고, 위해 주되 보답을 기대하지 않으며, 길렀으되 그것을 함부로 부리지 않으니, 이를 일컬어 그윽한 덕德이라고 한다.

사람들은 대부분 자기가 노력하여 무슨 일을 이루고 나면 뽐내고 싶고 '내가 그 일을 이루어 냈다.'는 자만심을 갖기가 쉬워요. 남을 조금이라도 돕게 되면 그가 나에게 고마운 마음을 갖기를 기대하고요. 그렇지 않으면 성을 내요. 신부님은 노자 할아버지의 가르침대로 그러지 않으려고 노력하셨어요. 마을 사람들이 어려운 일을 당하면 마치 그 일이 신부님의 일인 듯 정성껏 도우셨어요. 그리고 곧 남의 일을 도왔다는 사실을 잊어버리셨어요.

그런데 동주의 말을 듣고 신부님은 부끄러웠어요. 물론 신부님은 동네의 산과 논밭, 개울물까지도 사랑하셨어요. 그래서 농약을 함부로 줄 수가 없었어요. 동네 어르신들도 친부모님처럼, 형제처럼 여기셨지요. 그러나 때로는 몸이 무척 피곤하고 힘이 들 때도 있었어요. 그런 때 일을 나가려면 얼른 몸이 일으켜지지 않았지요. 그래도 '내가 안 나가면 할머니 할아버지들이 고생하시니까 가서 도와드려야 한다.'라고 마음을 다스리며 나가곤 하셨어요. 언제나 할머니 할아버지들과 같이 있으면 행복해서 힘든 줄 모르고 일한 건 아니었어요.

자기가 한 일의 성공을 자기 것으로 하지 않고 좋은 일을 한 뒤에 돌아오는 칭찬과 이득을 기대하지 않을 수 있는 비결은 '사랑'이란 것을, 신부님은 동주의 말을 듣고 새삼 깨달으신 거예요.

신부님 귓가에 사랑을 이야기하는 성경 말씀이 노래처럼 들려왔어요.

사랑은 참고 기다립니다. 사랑은 친절합니다. 사랑은 시기하지 않고

뽐내지 않으며, 교만하지 않습니다. 사랑은 무례하지 않고, 자기 이익을 추구하지 않으며, 성을 내지 않고 앙심을 품지 않습니다.

(1코린 13, 4-5)

사랑은 사람이 받을 수 있는 가장 큰 선물이라고 생각하면서 신부님은 작은 시인 동주를 꼭 안아 주셨어요.

10장 生而不有생이불유하고, 爲而不恃위이불시하고,
長而不宰장이부재하니, 是謂玄德시위현덕이니라.

낳았으되 소유하지 않고, 위해 주되 보답을 기대하지 않고,
길렀으되 그것을 함부로 부리지 않으니,
이를 일컬어 그윽한 덕德이라고 한다.

나에게 보물이 셋 있어
소중하게 지니는데

我有三寶 寶而持之 아유삼보 보이지지

신부님이 어린 아이였을 땐 에버랜드나 서울랜드 같은 놀이공원이 없었어요. 그래서 모든 장소가 다 놀이터였죠. 놀이기구가 따로 없었기 때문에 시냇물, 나무, 세워 놓은 수숫단, 흙을 쌓아 놓은 언덕, 양지 바른 무덤이 아이들의 놀이에 끼어들어 함께 놀았어요. 소풍날, 아이들은 가방 속에 삶은 달걀과 도시락과 사이다 한 병을 챙겨 넣고 들판을 가로 지르고 냇물을 건너 소풍을 떠났어요. 엄마와 할머니께서도 한복을 곱게 차려입으시고 소풍 가는 대열에 함께 줄을 서서 따라오셨어요. 학교에 다니지 않는 어린 동생들은 물론이고 개도 따라왔어요. 선생님도 학생들도 그걸 당연하게 생각했어요. 시골학교의 소풍이나 운동회는 동네잔치였거든요.

소풍지에서 아이들이 가장 기다리는 순서는 보물찾기였어요. 점심

도시락을 먹는 동안 선생님들께서 '필통', '크레파스', '과자', '공책', 이런 보물들의 이름이 적힌 종이쪽지를 여기저기 숨겨 놓으셨어요. 바위 밑에서, 나뭇가지 사이에서 보물을 찾아낸 아이들은 기뻐서 소리를 지르며 선생님께 달려가는데 신부님은 보물을 하나도 찾지 못했어요. 일곱 살에 학교에 들어가서 친구들보다 한 살 어린 신부님은 종이쪽지가 보물이란 생각은 꿈에도 하지 못했어요. 선생님들께서 무슨 보물을 숨겨 놓으셨을까? 금빛으로 반짝이는 어떤 것들을 상상하면서 여기저기 기웃댔지요. 공책과 크레파스도 가난한 아이들에게는 분명 보물이었지만 그것들은 언젠가는 닳아 없어지는 것들이지요. 신부님은 소풍 때마다 보물을 찾지 못해 늘 서운했어요. 시간이 흐를수록 더욱 빛이 나는 보물을 누구나 가지고 있다는 걸 신부님이 알게 된 것은 아주 훗날이었답니다. 보물은 밖에서 찾는 것이 아니었어요.

노자 할아버지께서는 자신에게 세 가지 보물이 있다고 말씀하셨어요.

나에게 보물이 셋 있어서 소중하게 지니는데 하나는 사랑이요, 둘은 검소儉素요, 셋은 스스로 우쭐대며 사람들 앞에 나서지 않는 것이다.

'검소儉素'를 다르게 표현하면 '아낌'이에요. 연못에 피어난 연꽃 한 송이를 떠올려 보세요. 연잎에 앉아 있는 작은 청개구리 한 마리와 이파리를 흔들고 지나가는 바람 한 줄기도 그려 보세요. 그 아름다운 장면을 가만히 바라보고 있는 사람도요. 연꽃이 뿌리를 내리고 있는 진흙, 못물에 비친 하늘, 아름다운 연꽃 한 송이, 그리고 작은 개구리가 사람과 똑같이 소중한 존재라는 것을 아는 것이 '사랑'이에요. 그 사랑이 '아낌'을 가능하게 하지 않을까요?

이 세상의 모든 존재는 아낌을 받을 만한 대상이라는 걸 생각할 때, 그리고 그 사실을 잊고 살고 있었다는 것을 불현듯 깨닫게 될 때, 신부님은 가슴이 먹먹하고 눈물이 난다고 하셨어요. 그러니 어떤 존재가 다른 존재 앞에 감히 우쭐거리며 앞장을 설 수 있겠어요? 사랑이 무엇인지 고요하게 들여다볼 줄 알았던 옛 성인들은 힘써 자기의 몸을 사람들 뒤에 두었고, 사람들은 그런 분들을 오히려 지도자로, 닮아가고 싶은 모델로 세웠답니다.

보물이란 나뭇가지 사이, 혹은 바위 아래 숨어 반짝이는 어떤 것이 아니라 이 세상에 올 때 누구나 이미 지니고 나온 사랑, 아낌, 겸허함 같은 품성이랍니다. 노자 할아버지께만 있는 보물이 아니에요. 그런데 보물이 있다는 사실을 자꾸 잊고 그보다 못한 것들을 얻으려고 욕심을 부리는 때가 많아요. 그러다 보면 같은 욕심을 가진 사람들 사이에 갈등이 생기게 돼요. 그와 내가 똑같이 아름다운 존재라는 것을 잊고 그보다 내가 낫다고 생각하면서 그 앞에 서려고 해요. 당연히 아끼는 마음을 가질 수 없지요. 사랑과 함께 모든 것을 잃게 되는 거예요.

나에겐 어떤 보물이 있을까? 질문을 마음속에 오래오래 품어 보세요. 참 신기하게도 우리가 가지고 태어난 보물은 우리가 기억하는 동안에만 아름답게 빛을 발하고, 그 존재를 잊으면, 자취를 감춰 버린답니다.

바오로 사도는 이렇게 고백했어요.

이제는 내가 사는 것이 아니라 그리스도께서 내 안에 사시는 것입니다. 내가 지금 육신 안에서 사는 것은, 나를 사랑하시고 나를 위하여 당신 자신을 바치신 하느님의 아드님에 대한 믿음으로 사는 것입니다.
(갈라 2, 20)

바오로 사도는 마치 소금인형이 바닷물에 녹아 큰 바다가 된 것처럼 좁고 작은 자신을 큰 존재의 품 안에서 놓아 버렸어요. 그럼으로써 예수님처럼 끝이 없이 넓은 존재로 살아갈 수 있게 되었지요. 노자 할아버지와 예수님께서는 우리도 그렇게 될 수 있다는 것을 알려 주신 분들이에요. 우리에겐 사랑이 있기 때문이에요.

생각을 열어 놓는 훈련을 해 보면 좋겠어요. 놀이공원이 따로 있다고 생각하면 놀이공원 아닌 곳은 놀 수 있는 장소가 될 수 없겠지요? 놀이기구란 것이 따로 있다고 생각하면 놀이기구가 없는 곳에선 얼마나 심심하겠어요? 텔레비전 드라마에서 멋진 남녀 주인공이 나누는 사랑만을 사랑이라 생각하면 정말 큰 사랑에 대한 경험은 영영 하지 못할 수도 있어요. 천상병 시인은 이 세상에 태어난 것을 소풍이라고 표현하셨지요. 날마다 즐거운 소풍이었으면 좋겠어요. 이 아름다운 소풍 길에 하느님께서 선물로 마련해 두신 반짝이는 보물들을 찾아보지 않겠어요?

67장 我有三寶아유삼보하여 寶而持之보이지지니,
一曰慈일왈자요, 二曰儉이왈검이요,
三曰不敢爲天下先삼왈불감위천하선이라.

나에게 보물이 셋 있어서 소중하게 지니는데

하나는 사랑이요, 둘은 검소儉素요,

셋은 스스로 우쭐대며 사람들 앞에 나서지 않는 것이다.

옛적 훌륭한 선비들은 미묘현통하여

古之善爲士者 微妙玄通 고지선위사자 미묘현통

신부님께서 재미있는 이야기를 들려주셨어요.

중국 위衛나라에 소문이 날 정도로 못생긴 남자가 살았대요. 그런데 정말 이상한 일은 잠시라도 그를 만나 본 사람은 모두 그를 좋아하게 된다는 거예요. 남자들은 그의 곁에서 떠나지를 못하고, 여자들은 그에게 시집가겠다고 부모님께 간청했어요. 그가 돈이 많은 것도 아니고, 아는 것이 많은 것도 아닌데 말이에요.

어느 날, 노魯나라 애공哀公이 그의 소문을 듣고 도대체 어떤 사람인가 궁금해서 그를 불러들였어요. 애공 역시 한 달도 못 되어서 그의 사람됨에 마음이 이끌리고 일 년도 채 지나지 않아 믿는 마음이 생겼어요. 애공은 그를 노나라의 대신大臣으로 삼으려고 했어요. 그런데 그는 기뻐하기는커녕 별로 내키지 않는 얼굴이었어요. 애공의

청에 마지못해 허락하긴 했으나 얼마 안 있어서 애공의 곁에서 사라져 버렸어요. 그의 이름은 애태타예요.

《장자莊子》라는 책에 나오는 이야기래요. 아이들이 신부님께 여쭤보았어요.

"사람들은 왜 그렇게 애태타를 좋아했어요?"

신부님 말씀이 애태타는 남의 말을 듣고 언제나 고개를 끄덕일 뿐, 주장하는 것이 없었대요. 옳고 그름, 가난과 부귀, 현명함과 어리석음, 헐뜯음과 칭찬받음 같이 '변하는' 것들에서 떠나 마음이 시원하게 트여 있었고, 물이 잔잔하게 수평을 이루고 있는 것처럼 깨달음을 깊이 간직한 사람이었대요.

노자 할아버지께서도 도道를 얻은 사람에 대해 말씀해 주신 적이 있어요.

옛적 훌륭한 선비는 미묘하고 그윽하게 통달해 있어서 다른 사람들이 그 사람의 깊이를 알 수가 없다.

뭐라고 설명하기 어렵지만, 훌륭한 선비의 모습에 대해 억지로 말해보자면,

마치 살얼음이 언 겨울 강을 건너듯이 조심스러워 하는 것 같

고, 사방에서 쳐들어오는 적을 경계하듯이 신중하고, 찾아온 손
님처럼 엄숙하다가도 얼음이 녹듯이 푸근하고, 다듬지 않은 통
나무같이 투박하고, 품이 넓어서 골짜기 같다.

라고 하셨어요. 겨울 강을 건너듯이 조심스러워하는 것 같다는 말에
는 무슨 일을 마지못해 한다는 뜻이 담겨 있어요. 사람들이 재빠르
게, 강한 힘으로 밀어붙이며 무슨 일을 할 땐 하늘의 이치天道, 곧 자
연自然의 이치를 물을 겨를이 없어요. '자연自然'의 의미는 '스스로 그
러함'이에요. 억지로 힘들이지 않아도 봄이 되면 언 땅이 풀리고 여
름이 되면 잎이 무성해지는 이치가 자연이에요.

사람도 자연이지요. 그래서 자연의 이치를 늘 물으며 살아가면 애
태타처럼 자기 주장을 따로 가질 일이 없어지는 것이겠지요. 그건 이
사람 저 사람의 말에 줏대 없이 흔들린다는 뜻이 아니라 하늘의 뜻,
자연의 이치를 나의 의견으로 삼는다는 말이에요. 그 깊은 마음을
'겨울 강을 건너듯 한다, 적을 경계하는 군사의 모습만큼이나 신중하
다, 남의 집에 간 손님처럼 몸가짐이 흐트러지지 않는다.' 이렇게 표
현하신 거지요.

'다듬지 않은 통나무'는 노자 할아버지께서 좋아하시는 표현이에
요. 하늘이 주신 깨끗한 품성을 그대로 간직하고 있는 사람을 그렇
게 비유하시죠. 애태타는 자기의 마음이란 걸 따로 갖지 않고 계곡
처럼 비어 있어서 하늘의 이치가 담길 수 있는 사람이었을 거예요.

그런 사람에겐 나라의 대신이 되는 것이 크게 명예로운 일이 아니겠지요. 하늘의 이치를 품었는데 높은 자리에 오르는 게 뭐 그리 대단한 일이겠어요?

옛적 훌륭한 선비들은 마치 흙탕물을 안은 것처럼 고요하게 기다리는 분들이었어요. 고요한 기다림이 흙탕물을 서서히 가라앉게 하고 맑은 물이 되게 하지요. 또 옛적 훌륭한 선비들은 봄이 오는 들판처럼 가만히 만물을 품고 서서히 생명의 싹이 터 오르게 하는 분들이었어요. 그런 모습을 미묘현통微妙玄通하다고 해요.

예수님께서도 그런 분이었다지요? '주님 앞에서 연한 순과 같이, 마른 땅에서 나온 싹과 같이 자라서, 고운 모양도 없고, 훌륭한 풍채도 없는' 분이 자기의 뜻을 따로 갖지 않고 언제나 하느님의 뜻을 여쭈면서 짧게 살고 가셨는데, 그 예수님을 세상 사람들이 이렇게 사랑하며 그를 닮고 싶어 하지요. 그분의 뜻을 내 뜻으로 삼고자 하지요.

15장 古之善爲士者고지선위사자는 微妙玄通미묘현통하여,
深不可識심불가식이라.

옛적 훌륭한 선비는 미묘하고 그윽하게 통달해 있어서
다른 사람들이 그 사람의 깊이를 알 수가 없다.

夫唯不可識부유불가식이니, 故고로 强爲之容강위지용하면
豫兮예혜여, 若冬涉川약동섭천하고, 猶兮유혜여,
若畏四隣약외사린하고, 儼兮엄혜여, 其若容기약용하고,
渙兮환혜여, 若氷之將釋약빙지장석하고, 敦兮돈혜여,
其若樸기약박하고, 曠兮광혜여, 其若谷기약곡하며.

알 수 없는 까닭에 억지로 모양을 그려보면,
마치 살얼음이 언 겨울 강을 건너듯이 조심스러워 하는 것 같고,
사방에서 쳐들어오는 적을 경계하듯이 신중하고,
찾아온 손님처럼 엄숙하다가도
얼음이 녹듯이 푸근하고, 다듬지 않은 통나무같이 투박하고,
품이 넓어서 골짜기 같다.

아무리 써도 힘겹지 않다

綿綿若存 用之不勤 면면약존 용지불근

동주는 가끔 신부님이 펼쳐 놓으신 수첩에 빼곡하게 적힌 말들을 볼 때마다 궁금했어요. 읽긴 해도 뜻을 알 수 없는 암호 같았어요.

골짜기의 신은 죽지 않으니, 이를 일컬어 현묘한(그윽하고 오묘한) 암컷이라 한다.

이게 무슨 말일까?

현묘한 암컷의 문을 일컬어 천지의 뿌리라 한다.

갈수록 태산이었어요.

이어지고 이어져서 항상 존재하는 것 같으니 아무리 써도 힘겹지 않다.

노자 할아버지께서 해 주신 말씀을 적어 두신 수첩인데 동주에겐 너무 어려운 말들이에요.

옛적 어르신들의 글 읽는 방법은 문장文章이 제가 가진 뜻을 스스로 드러낼 때까지 백 번이고 천 번이고 읽고 또 읽는 것이라고 신부님이 말씀하셨어요. 제자가 스승에게서 배우는 것은 바로 스승의 공부하는 자세였대요. 지금처럼 교과서를 들고 선생님이 하나하나 설명해 주는 방식이 아니었어요. '스스로 이해할 때까지'가 공부의 기한이에요. 늘 눈앞에 다가와 있는 시험에 대비하여 짧은 시간 안에 주어진 문제를 이해해야 하는 지금 학생들에 비하면 혼자 하는 옛 어른들의 공부가 오히려 쉽고 재미있었을 것 같다고 동주는 생각했어요.

신부님도 노자 할아버지의 말씀이 쉽기만 한 건 아니라고 하셨어요. 혼자 마음속으로 오래오래 새겨 보고 스스로 깨닫지 않으면 아무리 옆에서 설명을 해 줘도 소용이 없대요. 하지만 공부가 쉽지 않더라도 걱정할 건 없다고 하셨어요. 알게 될 때까지 천천히 생각해 보면 되니까요. 문제는 이해하고 싶은 마음이 있느냐, 없느냐 하는 것이래요.

"신부님은 노자 할아버지가 그렇게 좋으세요?"

동주가 여쭈었어요. 신부님께서 웃으면서 대답하셨어요.

"스승의 말씀을 마음속에 품고 사는 건 그 자체로 행운이란다. 어려운 일을 당해도 크게 당황하거나 불행하다고 생각하지 않고 그 상황에서 배울 점을 찾게 돼. 그런 사람은 누가 보아도 여유가 있고 평화롭지. 지혜가 깊어져서 사람들이 도움을 요청할 때 친구가 되어 줄 수도 있단다. 진정한 힘이 생기는 거지. 친구들을 다 이기고 대장이 되는 유치한 힘이 아니라, 옳지 않은 일을 하지 않는 힘, 옳은 일을 해내는 힘, 자신의 삶을 주위 사람들과의 관계 속에서 평화롭게 완성해 나가는 힘이 생긴단다. 옛 어른들도 공부를 통해 그런 사람이 되셨지."

신부님은 노자 할아버지께서 말씀하시는 '골짜기'가 빈 그릇과 같다고 하셨어요. 동주는 산봉우리와 봉우리 사이에 비어 있는 골짜기를 그려 보았어요. 골짜기를 흘러가는 시원하고 맑은 물도 상상했어요. 목마른 짐승들이 찾아와 물을 마시고 갔어요. 푸른 바람도 휘파람을 불며 지나갔어요. 빈 골짜기엔 모두 모두 자유롭게 들어오고 나갈 수 있었어요.

"골짜기는 자신을 찾아와 깃드는 짐승들과 물과 바람을 막지도 않고 그것들이 다시는 품을 떠나지 못하도록 움켜잡지도 않지. 그래서 흐르는 물이 고여 썩지 않고 짐승들도 건강하게 살아갈 수 있겠지? 골짜기의 신은 죽지 않는다는 말이 그런 뜻인 것 같구나. 어머니의 자궁처럼 생명을 기르지만 붙잡아 두지 않고 세상에 내보내지. 활짝 열려 있는 문과도 같이, 골짜기같이, 어머니의 따스한 자궁같이 만물을 품고, 놓아 주고, 자유롭게 드나들게 하는 그윽하고도 오묘한 비어 있음, 그것을 영원히 죽지 않는 도道라고 한단다. 천지의 본 모습이나 생명의 뿌리, 그게 다 도道를 달리 표현한 말이지."

"그래서 골짜기의 신을 암컷이라고 했나 봐요, 신부님."

"그래, 맞다."

신부님은 고개를 끄덕이셨어요.

동주는 꽁꽁 얼어붙었던 앞개울 물이 풀리면서 논두렁에 냉이가 돋아나기 시작하면 아무 일 없어도 마음이 들뜨곤 했어요. 소나기가 지나간 하늘에 무지개가 걸리면 몸이 날개처럼 가벼워지는 것 같아 마을 길을 마구 달렸어요. 노란 은행잎이 성당 앞뜰을 물들이면 은행나무 아래 들마루에 혼자서도 앉아 있곤 했지요. 그래서 신부님이 동주를 작은 시인이라고 부르시나 봐요. 흰 눈이 포근하게 마을을 덮는 날, 누군가의 집에선 고구마를 찌고, 누군가의 집에서는 호박죽을 쑤어요. 골목 이웃과 따끈한 음식을 나눠 먹는 겨울은 정말 행복해요.

동주네 교실엔 동주가 쓴 시가 걸려 있어요.

봄이 자라면 여름이 돼요
여름이 익으면 가을이 돼요
여름은 논에서 밭에서 산에서도 익고
혜진이네 돌담 위에서도 익어요
겨울은 가을이 들어가 쉬고 있는 털옷이에요

선생님은 동주의 시를 동주 엄마께도 혜진 엄마께도 보여 드리셨
어요. 혜진이 엄마는 겨울에, 돌담 위에서 익은 누렁 호박에 팥을 넣
고 호박죽을 맛있게 쑤어서 돌리셨죠. 동주의 시에 나오는 그 호박이
라고 하시면서요. 신부님은 동주가 시인일 뿐 아니라 철학자라고 하
셨어요. 봄, 여름, 가을, 겨울의 흐름처럼 끊이지도 않고 쉬지도 않지
만 하나도 힘들어하지 않는 것이 도道래요.

예수님께서는 이렇게 말씀하셨어요.

그리고 나리꽃들이 어떻게 자라는지 살펴보아라. 그것들은 애쓰지도
않고 길쌈도 하지 않는다. 그러나 내가 너희에게 말한다. 솔로몬도 그
온갖 영화 속에서 이 꽃 하나만큼 차려입지 못하였다. 오늘 들에 서 있
다가도 내일이면 아궁이에 던져질 풀까지 하느님께서 이처럼 입히시
거든, 너희야 얼마나 더 잘 입히시겠느냐?

(루카 12, 27-28)

예수님 말씀처럼 새봄이 오면 꽃나무들이 가지 하나에도 수십 개의 꽃송이를 피우는데, 꽃나무들은 그 일이 힘들다고 땀을 뻘뻘 흘리지 않아요. 꽃이 진 자리에 싱그러운 열매가 맺히고 햇빛과 비를 맞으며 하루가 다르게 커지고 단맛이 고이는데, 그렇다고 나무가 몸살을 앓지도 않아요. 생명의 힘은 그렇게 아무리 써도 힘겹지 않은 것이랍니다.

노자 할아버지와 예수님께서 우리에게 들려주고 싶어 하시는 비밀은 뭘까요? 그것은 바로 우리가 천지자연의 골짜기에 가장 아름다운 모습으로 피어난 한 송이 꽃, 혹은 한 포기 풀, 한 그루 나무라는 사실이에요. 그 사실을 잊지 않을 때, 우리의 사랑은 아무리 어려운 상황에 부닥쳐도 힘겹지 않고 우리의 생은 영원하다는 말씀을 하고 싶으신 거예요. 이러한 비밀을 하나하나 알아가는 것이 '공부'랍니다.

6장 谷神곡신은 不死불사라, 是謂玄牝시위현빈이라.

골짜기의 신은 죽지 않으니, 이를 일컬어 현묘한(그윽하고 오묘한) 암컷이라 한다.

玄牝之門현빈지문을 是謂天地根시위천지근이라.

현묘한 암컷의 문을 일컬어 천지의 뿌리라 한다.

綿綿若存면면약존이어서 用之不勤용지불근이라.

이어지고 이어져서 항상 존재하는 것 같으니 아무리 써도 힘겹지 않다.

덕을 두터이 지니고 있는 사람은 갓난아기 같아서

含德之厚 比於赤子 함덕지후 비어적자

오늘은 투이 아줌마네 아기 영주의 돌날이에요. 투이 아줌마는 작년 봄에 필리핀에서 오셨어요. 우리 동네에서 제일 착한 봉구 아저씨와 결혼했거든요. 봉구 아저씨네 논엔 농약을 치지 않아서 메뚜기가 많아요. 그래서 아이들은 봉구 아저씨네 논에 가서 메뚜기 잡으면서 노는 걸 좋아해요. 가을 체육대회 때는 봉구 아저씨가 우리 마을 대표로 씨름대회에 나가 1등을 했어요. 참 멋진 아저씨예요.

봉구 아저씨랑 투이 아줌마는 영주를 데리고 읍내 사진관에 가서 기념사진을 찍고 오셨어요. 그리고 하얀 백설기와 동그란 수수팥떡을 집집마다 돌리셨어요. 마을 사람들이 아기 돌떡을 함께 먹고 아기를 축복하면 아기에게 복이 온대요.

영주네 옆집엔 윤지가 살아요. 6학년인 윤지는 학교에서 집에 돌아올 때 영주네 집부터 들러서 아기를 보고 와요. 윤지가 아기를 예뻐하는 것 못지않게 투이 아줌마도 윤지를 예뻐하세요. 사과도 깎아 주시고 고구마도 따끈하게 쪄 주시지요. 오늘도 윤지는 학교가 끝나자 영주네 집으로 달려갔어요. 윤지의 가방엔 예쁘게 포장한 선물이 들어 있었죠. 곧 영주의 첫 번째 생일이라는 말을 듣고 윤지는 지난 일요일에 엄마를 따라 시장에 갔어요. 신발가게에 가서 저금해 두었던 돈 5천 원을 주고 노란 아기고무신을 한 켤레 샀어요. 아기고무신은 장난감처럼 작고 귀여웠어요.

영주는 예쁜 리본이 달린 분홍 옷을 입고 있었어요. 윤지를 보자 팔을 뻗어 안아 달라는 시늉을 하면서 좋아했어요. 윤지가 선물을 손에 쥐어 주니까 입으로 가져갔어요. 투이 아줌마가 웃으면서 선물을 풀어 보고 예쁘다고 소리치셨어요. 영주보다 더 좋아하시는 것 같았어요. 영주의 귀여운 발이 노란 고무신에 쏘옥 들어갔어요.

"윤지 고마워. 정말 예쁜 선물이야. 영주 발이 커서 못 신게 되면 깨끗이 씻어 두었다가 영주 동생도 신길게."

아줌마가 이렇게 기뻐해 주셔서 윤지도 행복했어요.

"오늘은 아줌마네서 저녁 먹고 가. 떡도 하고 잡채도 했단다. 엄마는 점심때 다녀가셨어. 윤지 여기서 저녁 먹고 가게 하겠다고 말씀드렸어."

"네, 아줌마!"

윤지는 입이 벌어졌어요. 잡채를 좋아하거든요. 아줌마는 윤지에게 영주를 맡기고 주방으로 가셨어요.

영주는 참 신기한 아기예요. 윤지가 영주를 데리고 마당에서 놀고 있으면 시커멓고 커다란 개, 곰순이가 어슬렁거리며 다가오는데 영주는 무서워하지도 않고 꺅꺅 소리를 지르면서 곰순이를 붙잡고 일어서요. 그러다가 곰순이 옆에 나뒹굴기도 하고요. 곰순이가 영주 얼굴을 핥아 먹을 때도 있어요. 개를 무서워하는 윤지는 곰순이가 영주를 물까 봐 얼른 영주를 안고 마루 위로 도망치곤 해요.

하루는 윤지가 노자 할아버지께 여쭤 봤어요.

"할아버지, 영주는 왜 곰순이를 안 무서워할까요? 지난 여름엔 홍수 오빠네 밭에서 지렁이도 만지려고 했어요. 징그럽지도 않나 봐요."

할아버지께서는 웃으시면서 호랑이가 와도 영주를 물지 않을 거라고 하셨어요. 호랑이가 나비를 잡아먹는 것을 보았느냐고 하시면서요. 영주는 나비 같은 아기래요.

아기들은 다 그렇지. 어른들 중에도 그런 사람이 있단다. 덕德이 두터운 어른은 벌거숭이 아기 같아서 독 있는 벌레도 쏘지 않고, 무서운 짐승도 덤비지 않고, 사나운 새가 와도 채가지 않지.

'왜 아기 같은 사람은 맹수가 해치지 않는 걸까?'

윤지는 노자 할아버지께 여쭈어 보기 전에 곰곰이 생각했어요. 할아버지께서는 늘 '분별심分別心'이 없어야 한다고 말씀하시곤 했어요.

나와 다른 사람, 나와 짐승, 나와 자연환경……. 이렇게 항상 구분을 짓는 마음이 분별심이에요. 모든 대상과 구분되는 '나'라는 생각을 '사심私心'이라고 한다고 가르쳐 주셨어요. 사심이 없으면 다른 사람은 물론이고 풀, 짐승, 천지자연, 우주와 하나인 나, '큰 나'를 발견하게 된다고 하셨지요.

"할아버지, 영주는 '나'라는 생각을 아직 갖지 않아서 자기가 곰순이와 같은 것인 줄 아는 걸까요? 그러니까 곰순이도 영주를 해치지 않고 말이에요."

"우리 윤지, 도道를 얻었구나."

할아버지는 환하게 웃으시면서 윤지의 머리를 쓰다듬어 주셨어요. 윤지는 기분이 좋았어요.

'성 프란치스코 수사님이 바로 아기 같은 마음을 가진 분이었던 거구나.'

하고 윤지는 생각했어요. 신부님께 들었는데, 프란치스코 수사님은 밭일할 때 밭 둘레는 가꾸지 말고 그대로 두라고 하셨대요. 그것은 계절마다 밭 둘레에서 피고 지는 풀과 꽃들을 위한 배려였어요. 발에 밟힐까 봐 걱정스러워서 길가의 작은 벌레들을 옆으로 옮겨 주었고, 겨울에 꿀벌들이 굶어 죽지 않도록 꿀과 가장 좋은 포도주를 내주라고 하셨대요. 프란치스코 수사님은 꽃과 새와 모든 짐승, 풀, 나무 모두를 사람과 똑같이 형제, 자매로 대하셨다고 신부님이 이야기해 주셨어요.

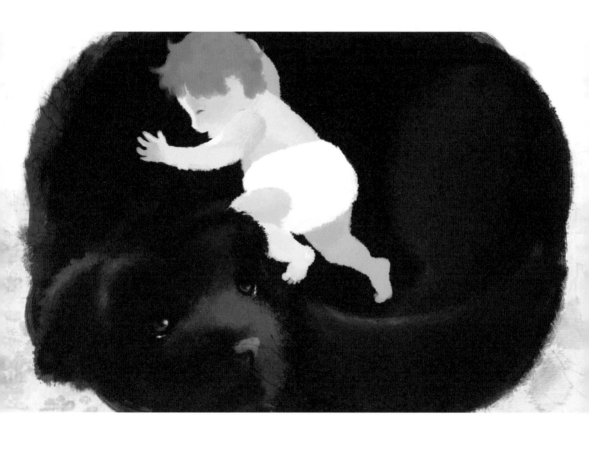

신부님이 해 주신 말씀을 노자 할아버지께 들려드렸더니,

"그분은 이 세상의 모든 피조물이 모두 하느님이란 걸 아셨던 분이구나."

하고 대답하셨어요.

투이 아줌마가 저녁밥을 차리는 동안 윤지는 영주를 안고 마당으로 나왔어요. 옹알거리는 영주의 귀여운 얼굴을 들여다보았어요. 깨끗하고 까만 눈, 분홍빛 뺨, 아기들은 정말 사랑스러워요. 곰순이가 또 어슬렁어슬렁 걸어왔어요. 윤지는 기겁을 하고 마루 위로 올라갔지요. 곰순이는 마루 옆까지 와서 목을 늘이고 윤지와 영주를 쳐다봤어요. 윤지는 용기를 내어 손을 내밀었어요. 그랬더니 곰순이는 그 시커먼 혓바닥으로 윤지의 손을 핥았어요. 마치 악수하듯이 말이에요. 윤지는 여전히 무서웠지만 기분은 좋았어요.

영주는 곰순이가 다가오자 좋아서 또 소리를 꺅꺅 지르면서 웃었어요.

"곰순아, 너는 나랑 영주가 너와 똑같이 개인 줄 아는가 보다. 곰순이도 도道를 얻었구나."

윤지는 노자 할아버지의 말씀을 흉내 내어 의젓하게 곰순이를 칭찬해 주었어요.

봉구 아저씨와 투이 아줌마는 이웃 사람들을 자기 식구들처럼 공

경하고 사랑해요. 이 세상 사람들이 모두 봉구 아저씨와 투이 아줌마 같으면 얼마나 좋을까요? 어른이 되어도 영주와 곰순이처럼 자기와 남을 구별하는 마음을 키우지 않는다면 이 세상이 천국이 되겠지요? 성경 말씀처럼 늑대와 새끼 양이 함께 풀을 뜯고 사자가 소처럼 여물을 먹으며 뱀이 흙을 먹이로 삼고요.(이사야 65, 25) 서로 해치고 죽이는 일이 없을 거예요.

덕을 두터이 지니고 있는 사람은 갓난아기 같아서

55장 含德之厚함덕지후는 比於赤子비어적자하여,
毒蟲不螫독충불석하고, 猛獸不據맹수불거하고,
攫鳥不搏확조불박하니라.

덕德을 두터이 지니고 있는 사람은 갓난아기 같아서
독 있는 벌레도 쏘지 않고 맹수도 덤비지 않고
사나운 새가 와도 채가지 않는다.

하늘을 섬기는 데 아낌만 한 것이 없다

治人事天 莫若嗇 치인사천 막약색

윤지의 생일은 영주의 돌이 지나고 한 달 뒤, 일요일이었어요. 봉구 아저씨가 윤지에게 책을 한 권 선물해 주셨어요. 사과 농사를 짓는 농부의 이야기가 담긴 책이에요. 윤지네도 작은 사과밭이 있어요. 아빠는 책을 보시더니 윤지에게 다 읽고 빌려 달라고 하셨어요. 투이아줌마는 윤지가 좋아하는 잡채를 만들어서 찬합에 담아 오셨어요. 신부님 댁에도 한 접시 가져다 드리고요. 신부님이 윤지에게 저녁 먹고 놀러 오라고 하셔서 윤지는 숟가락 놓기 바쁘게 성당으로 달려갔어요. 홍수와 동주도 와 있었어요. 홍수는 윤지에게 파란 빨래비누를 깎아 만든 피아노를 줬어요. 미술시간에 칭찬받은 작품이에요. 동주 아빠는 농사지은 멜론 중에서 가장 크고 무늬가 예쁜 것으로 골라 세 개나 보내 주셨어요. 하나는 신부님 드리고 하나는 윤지

선물, 나머지 하나는 함께 먹으라고 하셨대요. 윤지는 감동했어요. 신부님은 예쁜 한지에 붓으로 쓴 글씨를 선물로 준비하셨어요.

사람을 다스리고 하늘을 섬기는 데 아낌만 한 것이 없다.

노자 할아버지의 말씀이래요. 홍수와 동주와 윤지는 '와!' 하고 감탄했어요. 무슨 뜻인지 몰라도 한지가 예뻤고 신부님의 붓글씨가 멋있었어요. 아끼는 마음이 무엇이기에 사람을 다스리고(대하고) 하늘을 섬기는 가장 좋은 방법이라고 하는 걸까요? 그건 자신을 포함한 모든 사람과 짐승, 숲과 강과 들판 그리고 주위에 있는 사물들을 함부로 대하지 않는 마음이라고 신부님께서 설명해 주셨어요.

신부님은 아이들이 공부하는 교실이 깨끗한지 물어보셨어요. 선생님께서 나누어 주신 학습지가 구깃구깃 버려져 있지는 않은가, 재미 삼아 지우개를 칼로 잘라 내어 앞에 앉은 친구에게 던지는 사람은 없는가, 커튼을 더럽히고 잡아당겨서 떨어뜨려 놓지는 않았나, 책상 서랍과 가방 속, 사물함은 가지런하게 정돈이 되어 있나······.

홍수랑 윤지, 동주는 대답하지 못했어요. '신부님은 우리에 대해 어떻게 저렇게 잘 아시지?' 하고 속으로 감탄할 뿐이었어요.

"책과 공책과 연필같이 가까이 있는 물건들을 소중하게 다뤄 보면 세상이 달라 보인단다. 무엇 하나 소중하지 않은 것이 없게 돼. 그러다 보면 자신이 참으로 귀한 사람이란 것도 느끼게 되지."

그러시면서 아끼는 일을 가장 잘 하는 사람들은 농부라고 말씀하셨어요. 그래서 옛 어른들은 농부를 가리켜 색부嗇夫라고 했다는 거예요. '색嗇'은 아낀다는 뜻을 가진 한자예요. 농부는 자신이 힘써 일하여 거둔 곡식을 대할 때 한 톨의 쌀도, 한 알의 밥도 헛되이 버리지 않아요. 아까워한다는 게 아니고 자신의 몸을 대하듯 귀하게 대한다는 것이에요.

윤지, 홍수, 동주의 부모님들은 모두 농부시죠. 세 아이는 기분이 좋았어요. 홍수와 동주도 신부님의 멋진 글씨를 받고 싶었어요. 신부님이 한지를 만지작거리며 들여다보는 아이들의 마음을 눈치 채고 먹을 갈아 달라고 부탁하셨어요. 홍수와 동주는 신이 나서 먹을 갈기 시작하고 윤지는 봉구 아저씨께 선물 받은 책을 읽기 시작했어요.

사과나무는 일 년에 열세 번쯤 갖가지 농약을 뒤집어쓰지 않으면 해충과 병에 시달려 사과가 열리지 않는다고 아빠께 들었는데, 책 속의 농부 아저씨는 농약과 비료를 주지 않고 사과농사를 짓고 있었어요. 도토리나무가 약을 치지 않아도 스스로 열매를 맺는 것처럼 사과나무도, 복숭아나무와 포도나무도 처음엔 사람의 도움 없이 열매를 맺는 나무였을 거예요. 사람들이 더 크고 단맛이 강하며 더 많은 과일을 얻기 위해 품종 개량을 하고, 농약을 치고, 비료를 주면서 나무들은 혼자의 힘으로 살아가는 생명력을 잃게 되었겠지요.

농약을 치지 않기로 한 뒤 아저씨가 아무리 애를 써도 약에 의존해

살던 사과나무는 꽃을 피우지 못하고 몇 년간 단 한 알의 열매도 맺지 못했어요. 아저씨는 몹시 가난해졌어요. 더는 할 수 있는 일이 남지 않게 되었을 때 아저씨는 사과나무를 한 그루, 한 그루 돌면서 고개를 숙이고 용서를 구했대요.

"힘들게 해서 미안합니다. 꽃을 안 피워도, 열매를 맺지 않아도 좋으니 제발 죽지만 말아 주세요."

어느덧 아저씨는 사과나무와 한 몸이 된 거예요. 욕심껏 사과를 많이 얻으려고 하는 게 아니라, 사과나무를 자신과 똑같은 생명체로 대하게 되었지요. 그리고 나무의 뿌리에 눈을 뜨게 돼요. 숲 속에서는 낙엽과 마른 풀이 몇 년씩 쌓이고 벌레와 미생물들이 함께 부드러운 흙을 만들어 내잖아요? 거기에 떨어진 풀씨나 나무 열매들이 싹을 틔우고 뿌리를 뻗으면서 흙의 깊은 부분까지 일궈 나가는 것인데, 사과나무만 남기고 풀들을 다 베어 낸 사과밭은 땅이 부드럽지 않고 딱딱해서 뿌리를 튼튼하게 뻗을 수 없었던 거예요.

아저씨네 사과밭은 이제 허리까지 올라올 만큼 풀들이 자라고 온갖 벌레들이 함께 사는 곳이 되었어요. 9년째 되던 해 사과나무는 드디어 꽃을 피웠어요. 마침내 야생의 힘을 되찾게 된 거예요. 해가 바뀌어도 썩지 않고 맛이 좋아서 찾는 사람이 많지만, 아저씨는 사과 값을 올리지 않는대요. 또 농약과 비료 없이 사과 키우는 법을 배우기 위해 사람들이 찾아오면, 아무런 대가 없이 가르쳐 주신대요. 자신은 그저 사과나무를 도왔을 뿐 한 일이 없다고 생각하기 때문이에요.

기적은 아저씨와 사과나무가 하나가 될 때 찾아왔어요. 진심으로 사과나무를 아끼는 마음이 사과의 생명을 살리는 길을 열어 준 거지요.[1]

윤지는 집에 돌아와서도 늦도록 책을 읽었어요. 아낀다는 것은 함부로 대하지 않는 것이라는 걸 알았어요. 함부로 대하지 않아야 하늘이 주신 그대로의 나무, 풀, 꽃, 하늘이 주신 그대로의 짐승들, 하늘이 주신 그대로의 사람들, 모든 존재의 가장 아름다운 모습을 만나면서 살 수 있다는 신부님의 말씀을 이해할 수 있을 것 같았어요.

---

1 기적의 사과 : 기무라 아키노리, 이시카와 다쿠지 공저. 김영사

59장 治人事天치인사천이 莫若嗇막약색이라.

사람을 다스리고 하늘을 섬기는 데 아낌만 한 것이 없다.

성인은 사람을 잘 구하여, 버리는 일이 없고

是以聖人常善求人 故無棄人 시이성인상선구인 고무기인

사람 저 깊은 속에는 아주 아름답고 밝은 빛이 타오르고 있어요. 누구나 할 것 없이 모두 다요. 그 빛의 이름은 '덕성德性과 지혜'랍니다. 사람뿐만 아니라 강아지, 다람쥐, 오리, 참새 같은 짐승들과 산, 나무, 풀, 매미, 여치, 강, 바다 같은 사물의 내면에도 똑같은 빛이 있어요. 대부분의 사람은 죽을 때까지 자기의 빛을 한 번도 보지 못하고, 심지어는 그런 빛을 자기가 가지고 있다는 것조차 모르고 살아가지요. 오히려 사람을 뺀 나머지 짐승들과 사물들이 자기 안의 빛이 이끄는 대로 강아지는 강아지답게, 나무는 나무답게, 풀은 풀답게, 가장 자기다운 모습으로 살아가요. 사람들이 손을 대지 않는다면 말이에요.

그런데 다행스럽게도 그 빛의 기운을 느끼고 자기 안의 동굴 속으로 깊이 걸어 들어가 심지에 불을 붙이는 사람이 간혹 있어요. 그런 사람을 노자 할아버지께서는 '성인聖人'이라고 부르셨지요. 성인은 자기 안의 빛을 본 사람이기 때문에 다른 사람의 내면에도 같은 것이 있다는 걸 알아요. 그래서 함부로 사람을 버리지 않고, 사람과 사물을 제멋대로 쓸모가 있다, 없다, 하며 나누지 않지요. 성인이 바라보는 것은 눈앞에 서 있는 사람의 남루한 모습이 아니라, 그가 품고 있는, 아직 타오르지 못한 등불의 심지거든요.

성인이 오직 그것을 바라보기 때문에 성인 앞에 선 사람도 마침내 그 눈길을 따라 자기 안의 빛에 시선을 돌리게 돼요. 양초가 다른 양초에 불을 붙여 주듯이 그렇게 지혜의 불꽃을 이어가는 일을 할아버지는 '습명襲明'이라고 하셨어요.

성인은 언제나 사람을 잘 구한다. 그러므로 사람을 버리지 않고, 언제나 물物을 잘 구하여 그런 까닭에 물物을 버리지 않는다. 이를 일컬어 '습명'이라 한다.

라고 하셨지요. 할아버지께서 말씀하시는 '물物'은 사람을 포함하여 모든 만물을 일컫는 것이에요. 너와 나를 구별하지 말고 내가 모든 만물과 하나임을 잊지 말라고 되풀이하여 말씀하셨어요. 사람을 버리지 않는다는 것과 물物을 버리지 않는다는 것은 같은 의미랍니다. 만물이 소중하다는 것을 거듭 간곡하게 말씀하시는 것이지요. 여러

분은 어때요? 여러분이 아름다운 빛을 간직한 소중한 존재라는 걸 알고 있나요? 친구들을 대할 때 친구의 저 깊은 곳에 있는 빛을 보는 눈을 가지고 있나요?

제자들이 예수님을 처음 만났을 때도 그들은 참으로 보잘것없는 사람들이었어요. 예수님과 함께 식사하거나 발에 향유를 부어 드리거나 자기 집에서 묵어가시도록 초청하거나 옷깃만이라도 잡아 보고 싶어 하는 이들도 대부분 낮은 계급에 속한 사람들이었지요. 그러나 예수님은 그들의 겉모습이 아니라 그들의 내면에 타오르는 빛을 보셨어요.

어느 날, 세리와 죄인들이 예수님의 말씀을 들으려고 가까이 몰려들자 바리사이파 사람들과 율법학자들은 투덜거렸죠. 예수님이 죄인들과 같은 자리에 앉아 함께 음식을 먹는 일이 못마땅했던 거예요. 예수님은 그들에게 이렇게 말씀하셨어요.

너희는 이 보잘것없는 사람들 가운데 누구 하나라도 업신여기는 일이 없도록 조심하여라. 하늘에 있는 그들의 천사들이 하늘에 계신 내 아버지를 항상 모시고 있다는 것을 알아 두어라. 너희의 생각은 어떠하냐? 어떤 사람에게 양 백 마리가 있었는데 그중의 한 마리가 길을 잃었다고 하자. 그 사람은 아흔아홉 마리를 산에 그대로 둔 채 그 길 잃은 양을 찾아 나서지 않겠느냐? 나는 분명히 말한다. 그 양을 찾게 되면 그는 길을 잃지 않은 아흔아홉 마리 양보다 오히려 그 한 마리 양 때문에 기뻐할 것이다. 이와 같이 하늘에 계신 너희의 아버지께서는 이 보잘것없는 사람들 가운데 하나라도 망하는 것을 원하시지 않는다.

(루카 15, 1-7)

보잘것없어 보이는 사람을 멸시하는 것은 겉모습에 속는 거예요. 그 사람이 누더기 속에 품고 있는 옥玉을 발견하지 못하는 거예요. 바리사이파 사람들과 율법학자들처럼. 세상의 기준으로 생각하면 아흔아홉 마리의 양을 잘 돌보기 위해 길 잃은 한 마리의 양을 포기하는 것이 당연히 옳겠지만, 모든 존재가 똑같이 소중한 하느님의 눈으로 보면 아흔아홉 마리의 양과 한 마리의 양은 같아요. 아니 오히려 귀한 존재예요. 길을 잃었으니까요. 길을 잃었다는 것은 길을 찾으려고 있는 힘을 다해 애를 쓰고 있다는 뜻이니까요.

내 속에 타오르는 지혜의 빛을 찾아 심지를 돋우고 곁에 있는 가족, 친구들과 이웃의 마음속에 나의 따스하고 환한 빛을 옮겨 주고 옮겨 받으면서 살면 이 세상이 얼마나 따스하고 아름다울까요?

27장 是以시이로 聖人성인은 常善求人상선구인하여,
故고로 無棄人무기인하고, 常善求物상선구물하여,
故고로 無棄物무기물하니, 是謂襲明시위습명이라.

성인은 언제나 사람을 잘 구하여 그러므로 사람을 버리는 일이 없고,
언제나 물物을 잘 구하여 그런 까닭에 물物을 버리지 않는다.
이를 일컬어 '습명'이라 한다.

가장 착한 것은 물과 같다

어떤 것을 가려내어 물리치지 않으며

도道를 닦으면 날마다 털어지거니와

까치발로는 오래 서지 못한다

백성이 말하기를 저절로 그리되었다 한다

만족을 모르는 것만큼 큰 화는 없다

잘난 사람을 떠받들지 않음으로써 백성이 다투지 않고

작은 나라 적은 백성

도道를 도라 하면 도가 아니다

4

어떤 것을 가려내어
물리치지 않으며

가장 착한 것은 물과 같다

上善若水 상선약수

    겨울 아침, 발자국 하나 찍히지 않은 마당이나 운동장의 흰 눈을 본 적 있나요? 하늘에서 내려와 쌓인 상태 그대로의 깨끗한 눈을 '숫눈'이라고 부르지요. 신부님께서 어린 시절에 살던 집은 산 밑 외딴집이었대요. 가을엔 상수리가 함석지붕 위로 후두두 떨어지는 집이었지요. 집 앞으론 찻길이 지나가고 찻길 너머엔 파란 배추밭, 배추밭 아래는 개울이 흐르고 개울 너머로는 다시 산이었어요. 앞에도 산, 뒤에도 산, 오른쪽에도 왼쪽에도 온통 산이었어요. 겨울이 오면 빈 들판에서 삭막한 바람이 불어왔어요. 신부님은 어린 시절, 겨울방학이 쓸쓸해서 싫었어요. 하루에 여섯 번 들어오는 버스가 저만큼 다리 아래 멈추면 혹시 우리 집에 손님이 오지 않을까, 까치발을 세우고 쳐다보곤 했지요.

그때 아이들은 친구네 집 말곤 갈 곳이 없었어요. 마을 사람들이 사는 집을 빼면 학교와 조그만 가게 하나 그리고 선생님들이 사시는 학교 옆 관사가 마을에 있는 건물 전부였거든요. 아, 산 밑에 상엿집이 있었대요. 꽃상여란 말은 들어 봤지요? 할머니, 할아버지께서 돌아가시면 상여에 모시고 산으로 가지요. 돌아가신 분을 땅에 묻어드리고 상여는 마을로 다시 돌아와 상엿집에 보관이 돼요. 아이들은 상엿집을 무서워했어요. 긴 겨울밤, 이불 속에서 지어 내는 무서운 이야기 속엔 상엿집이 단골로 등장했어요. 그러나 춥고 무섭고 쓸쓸하기만 했다면 신부님께 어린 시절의 겨울이 그렇게 자주 떠오르지는 않았을 거예요.

신부님은 지금도 잊을 수가 없어요. 겨울 아침, 성탄 카드처럼 온 세상을 하얗게 덮고 있던 흰 눈, 지붕에도 마당에도 배추밭에도, 앞산과 뒷산에도 흰 눈, 산비탈에 동그마니 서 있는 상엿집마저 포근한 눈을 덮고 동화 속에 나오는 일곱 난쟁이의 오두막처럼 예쁘게 보였어요. 아이들은 발자국 하나 없는 숫눈 위에서 마구 뒹굴며 들로 산으로 껑충껑충 뛰어다녔어요. 초코파이 하나 없었지만, 눈이 내린 날은 먹지 않아도 배부르고 행복했어요.

소나무에 내려앉으면 솔잎 뭉치의 모양으로, 대나무에 내려앉으면 한 잎, 한 잎, 댓잎의 모양을 따라 순하게 자기의 모습을 바꿔 주는 게 '눈'이라는 이름의 물이에요. 대기 중의 수증기가 찬 기운을 만나 얼어서 땅 위로 떨어지는 얼음의 결정체도 그렇고요. 수증기는? 기

체 상태로 되어 있는 물이에요. 눈이 녹으면 다시 물이 되고, 물은 수
증기가 되고, 수증기는 여름날 더위를 식혀 주며 채소와 과일을 키우
는 단비도 되고, 산봉우리를 멋지게 휘감는 안개도 되지요. 그 모든
것들이 물의 다른 모양이란 것을 배워서 알고는 있었지만, 마음으로
깊이 느껴보지는 못했어요.

노자 할아버지는 물을 사랑하셨어요.

가장 좋은 것은 물과 같다.
물은 모든 것을 이롭게 하고 다투지 않는다.

라고 하셨지요. 어째서 그렇게 생각하셨을까요? 물은 자기의 모습을 고집하지 않는다고 할아버지는 말씀하셨어요. 정말 그래요. 추운 곳에서는 눈과 얼음이 되고, 따뜻해지면 물이 되고 뜨거우면 수증기가 되고요. 네모나든지, 세모지든지, 길쭉하든지, 오목하든지, 담기는 그릇에 따라 네모도 되고 세모도 되고, 길쭉이도 되고 오목이도 돼 주어요.

"물 같은 사람은 바보 아닌가요? 아니면 어디에나 타협하는 비겁쟁이일 수도 있고요"

수현이가 신부님께 여쭈어 보았더니 이렇게 대답하셨어요.

"물은 막무가내로 자신을 내세우지 않지만, 자기의 본성을 포기하는 적이 없단다. 눈일 때도, 얼음일 때도, 수증기일 때도 한결같이 물이었지."

자신의 이득을 위해 가치관과 삶의 태도를 바꾸는 것은 물의 성품이 아니었어요.

신부님은 어린 시절에 비 갠 날이면, 길에 팬 물웅덩이에 앉아 물을 마구 휘저어 보곤 했어요. 물웅덩이는 아이들이 그냥 지나칠 수 없는 놀이터였어요. 물웅덩이는 금방 흙탕물이 되었지만, 가만히 바라보고 있으면 어느 틈엔가 흙은 가라앉고 웅덩이는 맑은 물로 조용히 돌아가곤 했어요.

"흙탕이 되어 버렸다고 야단법석을 떨지도 않으면서 조용히 흙을 가라앉히고 맑은 물로 돌아가는 것이 어릴 적엔 신기하기만 했지. 지금 생각해 보니 그게 물인 것 같아. 결코, 흙탕이 될 수 없는 존재이지."

신부님은 수현에게 계곡에 놀러 가거든 물이 흐르는 모습을 지켜보라고 하셨어요. 앞을 막아서는 바윗돌이 있어도 맞서 다투지 않고 부드럽게 타 넘거나 돌아 흐를 거라고요. 모든 것을 이롭게 하되 다투지 않는 물의 성품을 느낄 수 있을 거라고요.

물이 가진 또 다른 성품은 "뭇사람이 싫어하는 곳에 처한다."는 것이에요. 사람들이 싫어하는 곳은 어디일까? 수현이가 생각해 보니 높은 자리가 아닌 낮은 자리, 깨끗한 곳이 아닌 지저분한 자리일 것 같아요. 방을 닦고 난 걸레를 빨아 주고, 음식찌꺼기가 묻은 그릇을 헹구어 주고, 목욕탕에서 몸의 때를 닦아 주는 고마운 물.

누군들 더러운 것을 안고 싶어 하겠어요? 누가 낮고 천한 곳에 자기 자리를 두고 싶겠어요? 그러나 물과 같은 사람은 그렇게 한다는 것이지요. 그렇게 모든 것을 받아들여 깨끗하게 가라앉히면서 낮은 곳으로 흐르고 흘러 가장 깊고 넓은 세계인 바다에 이른다는 것이지요.

힘도 없고 줏대도 없는 것처럼 보이는 물방울들이 모여서 이룬 바다를 보세요. 장엄하지 않나요? 사람들은 바다에 닿으면 환호성을 지르며 앞다투어 달려가요. 그리고 어머니 품에 안기듯 몸을 던지지요. 바다는 나쁜 사람, 좋은 사람 가리지 않고 모두를 넉넉하게 품어 주고요.

예수님의 제자들도 처음엔 누가 서로 크냐고 다툴 만큼 평범하고 약한 사람들이었대요. 그런 사람들이 어떻게 성경에 기록된 역사를 감당할 수 있었을까요? 어떻게 예수님을 세상 끝까지 전하는 일을 할 수 있었을까요? 그분들도 단단한 자기를 깨고 나와 한 방울의 물처럼 가장 낮은 곳으로 흘렀기 때문일 거예요.

'나를 내려놓기. 그래서 한계가 없는 내가 되기, 가장 나다운 내가 되기.'

이보다 더 가치 있고 의미 있는 욕심이 또 있을까요? 이런 소망을 품는다면 언젠가 우리는 솟구쳐 흐르는 지혜의 샘을 가진 사람, 깊은 물과 같은 말을 하는 사람이 되어 있을 거예요.

8장 上善若水상선약수라.

가장 좋은 것은 물과 같다.

水善利萬物而不爭수선리만물이부쟁하고,

물은 모든 것을 이롭게 하면서 다투지 않고,

處衆人之所惡처중인지소오하니

뭇사람이 싫어하는 곳에 처하니

故고로 幾於道기어도라.

그러므로 도道에 가깝다.

어떤 것을 가려내어 물리치지 않으며

萬物作焉而不辭 만물작언이불사

성경에 간음하다가 붙잡혀 온 여자 이야기가 있어요. 율법학자들과 바리사이파 사람들은 그 여자를 끌고 와서 많은 사람들 한가운데 세워 놓고 예수님께 말했어요.

선생님, 이 여자가 간음하다 현장에서 붙잡혔습니다. 모세는 율법에서 이런 여자에게 돌을 던져 죽이라고 우리에게 명령하였습니다. 선생님 생각은 어떠하십니까?

(요한 8, 4-5)

예수님은

나는 율법을 폐지하러 온 것이 아니라 오히려 완성하러 왔다.

(마태 5, 17)

라고 말씀하시는 분이었어요. 그 말씀대로라면, 율법대로 여자를 돌로 쳐 죽이라고 하셔야 맞겠지요. 그러나 예수님은 멸시받는 사람들, 힘없는 사람들, 죄지은 사람들에게서 등을 돌리는 분이 아니었어요. 예수님은 어떻게 하셔야 할까요? 율법을 어기고 여자를 살려 내셔야 할까요, 아니면 죄지은 여자를 죽여서 율법을 지키셔야 할까요?

예수님께서는 이렇게도 저렇게도 대답하지 않으셨어요. 몸을 굽혀 손가락으로 땅에 뭔가를 쓰셨다고 해요. 모두가 지켜보는 가운데 긴장된 시간이 흘러갔을 거예요. 그들은 어서 대답하라고 예수님을 다그쳤어요.

신부님은 성경에서 이 부분을 읽을 때마다 생각을 해 보곤 하셨어요. '만일 내가 예수님과 같은 상황에 부닥친다면 어떨까? 몹시 당황하겠지. 두 가지 중에서 어떤 답을 골라야 할지 고민하겠지. 예수님께서 땅에 쓰신 것은 무엇일까?'

성경에 나와 있지 않으니 신부님도 잘 모르실 거예요. 그보다도 신부님은 예수님의 그 짧은 침묵에 대해 자주 생각하셨어요. 그러면 함정 앞에서 조금도 흔들리지 않는 한 사람의 고요한 모습이 떠올랐어요. 예수님은 당신이 세상에 와서 해야 하는 일에만 집중하셨던 것 같아요. 하느님의 아드님으로서 해야 할 일 말이에요. 그래서 바리사이파 사람들과 율법학자들이 짐작하는 것과는 다른 차원의 대답을 하실 수 있었던 것이 아니었을까요?

너희 가운데 죄 없는 자가 먼저 저 여자에게 돌을 던져라.

(요한 8, 7)

이것이 그분의 답이었어요. 사람들이 이 말을 듣고 하나둘씩 자리를 뜨고 그 여자만 홀로 남겨지자, 예수님께서 그 여자에게 말씀하셨어요.

너를 단죄하는 자가 아무도 없느냐?
선생님, 아무도 없습니다.
나도 너를 단죄하지 않는다. 가거라.
그리고 이제부터 다시는 죄를 짓지 마라.

(요한 8, 10-11)

여자는 울었을 것 같아요. 예수님께서는 그 여자 앞에서 그곳에 있던 사람들 모두가 죄인이라는 걸 그들 스스로 인정하게 하셨어요. 누구도 그 여자를 손가락질할 수 없게 만드셨고, 당신도 그녀를 죄인이라고 하지 않겠다고 말씀하셨어요. 다시는 죄짓지 말고 새사람으로 살아가라고 격려하셨어요. 한 사람을 위험에서 구하는 데 그치지 않고, 눈을 떠서 새로운 세상을 보게 하신 거예요. 돌 던질 준비를 하는 사람들까지도 말이지요.

예수님께서 그 여자에게 죄가 있느냐 없느냐를 판단하는 대신, 거기 모인 사람들 스스로 자기의 죄를 바라보는 눈을 뜨게 하신 것처럼, 노자 할아버지도 아름다움과 추함, 선과 악을 분별하는 얕은 지혜를 경계하셨어요. 할아버지께서는 그것을 '분별지分別智'라고 표현하셨지요.

세상 사람들이 모두 이것을 아름답다고 알아서 아름답다고 말하는데 바로 그것이 더러움이요, 모두 이것을 선하다고 알아서 선하다고 말하는데 바로 그것이 선하지 아니함이다.

아름답고 추한 것을 가리고 선함과 선하지 못함을 가려서 한쪽을 고집하는 그것이 바로 더러움이고 선하지 못한 일이라는 뜻이에요. '좋다', '나쁘다', '길다', '짧다'는 판단을 하는 자기의 기준을 믿지 말라는 것이지요. 할아버지께서는 '좋다'는 말이 있으니까 '나쁘다'는 말이 있는 것이고, '길다'는 말이 있으니 '짧다'는 말도 있는 것이라고 하셨어요. 그러니 그 둘은 하나라는 거예요. 30센티미터 자가 20센티미터 자보다는 길지만 50센티미터 자 앞에 가면 짧은 자가 되지요. 식사 후에 식탁을 닦은 행주도 청소 시간에 계단 청소를 한 걸레와 비교하면 깨끗하다고 할 수 있지 않겠어요?

"구관이 명관이다."라는 말이 있어요. 무슨 일이든 경험이 많거나 익숙한 이가 더 잘한다는 것을 비유적으로 이르는 말인데, 흔히 나중 사람을 겪어 봄으로써 먼저 사람이 좋은 줄을 알게 된다는 말로 쓰이지요. 어떤 직장에서 윗사람이 너무 까다롭고 성질이 급해 직원들을 힘들게 했어요. 직원들은 불만이 많았지요.

"어휴, 뭐 저런 사람이 다 있어. 빨리 저 사람이 떠나고 다른 사람이 왔으면 좋겠다."

그런데 그가 떠나자 두 배는 더 괴팍하고 성질이 사나운 사람이 왔어요.

"그 사람은 이 사람에 비하면 참 좋은 사람이었구나!"

이런 생각을 하게 되겠지요? 그렇게 사람의 판단은 같은 대상을 놓고도 상황에 따라 얼마든지 달라질 수 있어요. 그러니 우리의 기준이 절대 진리인 것처럼 확신을 하고 '좋다', '나쁘다', '옳다', '그르다'를 쉽게 말할 수는 없겠지요?

죄지은 여자를 세워 놓고 다그치는 사람들 속에서 시선을 땅에 두고 침묵하시는 예수님, 죄를 보지 않고 사람을 바라보신 예수님은 참 좋은 선생님이시죠.

성인은 모든 일을 무위로써 하고 말 없는 가르침을 베풀며 만물을 이루어 내되 그 가운데 어떤 것을 가려내어 물리치지 않는다.

노자 할아버지의 말씀처럼 간음한 여자를 살려 달라고 사람들에게 사정하지 않고도 예수님께서는 여자의 목숨을 살려 내셨어요. 하지 않고도 하셨고, 말하지 않고도 가르치셨어요. 여자도 바리사이파 사람도 율법학자도 물리치지 않으셨어요. 우리 곁에 이렇게 멋있는 스승님들이 계시다니, 이 얼마나 행복한 일인가요?

2장

天下皆知美_{천하개지미}하여 之爲美_{지위미}나, 斯惡已_{사악이}요,
皆知善_{개지선}하여 之爲善_{지위선}이나, 斯不善已_{사불선이}라.

세상 사람들이 모두 이것을 아름답다고 알아서
아름답다고 말하는데 바로 그것이 더러움이요,
모두 이것을 선하다고 알아서 선하다고 말하는데
바로 그것이 선하지 아니함이다.

聖人_{성인}은 處無爲之事_{처무위지사}하고,
行不言之敎_{행불언지교}하고,
萬物作焉而不辭_{만물작언이불사}하고.

성인은 모든 일을 무위로써 하고
말 없는 가르침을 베풀며 만물을 이루어버되
그 가운데 어떤 것을 가려버어 물리치지 않는다.

도道를 닦으면
날마다 틸어지거니와

爲道日損 위도일손

요즈음 학교에서 자꾸 물건이 없어져요. 지난주엔 지영이가 새로 산 운동화가 사라졌고, 어제는 정수의 최신 스마트폰이 없어졌어요. 모두 비싼 것들이에요. 지영이와 정수의 부모님들은 몹시 화가 나셨어요. 두 아이 모두 물건을 잃어버린 게 이번이 처음은 아니래요. 학교로 찾아오셔서 도대체 학교에서 아이들을 어떻게 가르치는 거냐고, 반드시 도둑질한 아이를 찾아내어 전학시켜야 한다고 노발대발하셨어요. 부모님도 선생님도 얼마나 속이 상하셨을까요? 하지만 종례시간에 선생님은 평소와 다름없는 얼굴로 말씀하셨어요.

"운동화와 핸드폰을 가져 간 사람은 우리 반, 우리 학교에 없어요. 나는 그렇게 믿어요. 제자를 도둑으로 의심하는 선생님이 이 세상에 어디 있겠어요? 친구를 도둑이라고 생각하는 사람도 친구가 아니에요. 그러니까 아무도 의심하지 말고 즐겁게 공부해요. 잃어버린 운동화랑 핸드폰에 대해서는 천천히 생각해 보기로 하고."

선생님께서는 칠판에 이렇게 쓰셨어요.

배운다는 것은 날로 더하는 것이요, 도를 따른다는 것은 날로 덜어 내는 것이다.

무슨 뜻일까요? 선생님은 노자 할아버지를 사랑하시니까 너무 마음이 아프실 땐 할아버지의 말씀을 기억하고 힘을 얻으려고 하시는 것 같아요.

"신 나고, 행복하고, 그래서 더 갖고 싶은 것이 없고, 내가 가진 건 뭐든지 나눠 주고 싶은 마음이 있어요. 예수님께서는 그런 마음을 '가난한 마음'이라고 하셨죠. 천국은 마음이 가난한 사람의 것이라고 하셨어요. (마태 5, 3) 즐거움으로 꽉 차 있어서 아무것도 더 욕심낼 것이 없어 텅 빈 마음이죠. 이런 마음이 있는 사람 손 들어 봐요."

아무도 손을 들지 못했어요.

"공부를 하면 그런 마음이 생겨요. 그 마음이 없으면 나는 진짜 공부를 한 적이 없구나, 생각하면 돼요. 성적이 오르면 평소 가지고 싶었던 물건을 사 달라고 부모님을 조른 적 있지요? 갖고 싶은 걸 가지려고 하는 공부는 공부가 아니에요. 공부는 행복해지려고 하는 건데 아무리 가져도 계속 갖고 싶은 게 생기고 아무리 노력해도 늘 경쟁자 때문에 괴롭다면 결국 행복해질 수 없겠지요. 노자 할아버지께서는 그렇게 뭔가를 끝없이 욕심내고 쌓아 두려는 마음을 덜어 내는 것을 도道라고 하셨어요."

점수를 올리겠다는 조건을 걸고 이것저것 사 달라고 부모님을 조르던 아이들은 속이 뜨끔했어요. 민준이는 이번 시험에서 시원이를 이긴 것이 기뻤지만, 다음 시험에서도 이겨야 한다고 생각하니 벌써 불안해지는 중이었는데, 선생님 말씀을 듣고 행복해지는 공부를 하고 싶어졌어요.

노자 할아버지께서 말씀하셨어요.

경쟁하는 마음, 욕심내는 마음, 자랑하는 마음을 날마다 덜어 내고 또 덜어 내면 '무위無爲'에 이르게 된다. 무위에 이르게 되면 되지 않는 일이 없다.

무엇을 억지로 하지 않는 것이 '무위'예요. 이루어져야 할 일이 자연스럽고 가장 아름답고 편안하게 이루어지는 것이지요.

퇴근길에 선생님은 성당에 들르셨어요. 운동화와 핸드폰을 찾을 수 있을까, 고민도 되었지만, 물건을 찾아 달라는 기도는 하지 않으

섰어요. 그보다는 잃어버린 마음을 찾는 일이 더 중요하다고 생각하
셨어요.

"지영이와 정수의 부모님들께서 찾아와 화를 내실 때 서운했던 것
이 부끄러워요. 학생들을 잘 지도하지 못한 것이 사실인데 잘못한 것
을 잘못했다고 말씀하시는 게 왜 서운했을까요? 저도 칭찬을 욕심
내서 그렇겠지요. 좋은 선생님이라는 말이 듣고 싶어서 말이에요.
제 마음이 그런 욕심 없이 가난해지면 우리 아이들 마음도 저절로 행
복해질 테고 이런 일은 다시 일어나지 않을 거예요."

신부님은 선생님께 따뜻한 차를 내주셨어요.

"나쁜 일이 일어나지 않으면 일어나지 않아서 좋고, 일어나면 공부
가 되어서 좋고, 그러니까 나쁜 일은 없다고, 다 좋은 일이라고 노자
할아버지께서 늘 말씀하셨죠. 선생님은 훌륭한 학생이에요."

신부님의 칭찬을 듣고 선생님은 기분이 좋아지다가 웃음을 터뜨렸
어요. '칭찬을 받아도 욕을 먹어도 아무렇지도 않기' 노자 할아버지
의 그 말씀을 또 깜박 잊었거든요.

48장 爲學日益위학일익이요, 爲道日損위도일손이니라.

배운다는 것은 날로 더하는 것이요,
도를 따른다는 것은 날마다 덜어 내는 것이다.

損之又損손지우손이면 以至於無爲이지어무위요,
無爲而無不爲무위이무불위니라.

덜어내고 또 덜어 내면 무위無爲에 이르게 된다.
무위에 이르게 되면 되지 않는 일이 없다.

까치발로는 오래 서지 못한다

跂者不立 기자불립

  민준이 선생님께서 가정방문을 오셨어요. 민준이 엄마는 대청소를 하셨어요. 책상 위도 침대도 뒤죽박죽인 민준이를 야단쳐서 방을 정돈하게 했어요.

  그런데 민준이가 좀 이상해요. 선생님이 오신다는데도 내내 뿌루퉁해 있었어요. 그러다가 선생님이 오실 시간이 되자 슬그머니 집을 나가 버렸어요.

  민준이 엄마는 담임 선생님께 차를 대접해 드리면서 민준이가 공부는 열심히 하고 있는지, 학교에서 말썽은 안 피우는지 여쭤 보았어요. 선생님께서는 민준이가 책임감 있고 성실하게 반장 역할을 잘하고 공부도 열심히 한다고 칭찬하셨어요.

  "그런데 어제 작은 일이 하나 있었어요. 오늘 그 일로 찾아뵈었어요. 민준이를 위로하고 더 격려해 줘야 할 것 같아서요."

그 말씀을 듣고 민준이 엄마는 긴장되어 선생님을 바라보았어요.

"민준이가 어제 친구들에게 문자를 돌렸어요. 잘난척쟁이 시원이가 공부 1등도 자신 있다는 뺑을 치고 다닌다고요. 그리고 시원이가 공부 잘하는 누구, 누구에게 재수 없다는 욕을 했다고 문자로 퍼뜨렸어요. 그래서인지 몇몇 아이들이 쉬는 시간에 시원이를 화단 앞으로 불러내 욕을 했대요. 시원이가 점심도 안 먹고 울어서 알게 되었어요."

민준이 엄마는 너무나 놀라서 찻잔을 떨어뜨릴 뻔했어요. 시원이는 같은 마을에 사는 민준이 친구예요. 민준이가 왜 그런 짓을 했을까?

시원이는 전교 회장이에요. 반장 민준이는 체육 시간에 강당으로 가서 배드민턴을 할 것인지, 운동장에 나가 축구를 할 것인지, 선생님께 미리 여쭈어 보고 필요한 준비물을 칠판에 적어 줘요. 운동장 조회를 할 때는 친구들을 줄 세우고 맨 앞에 위엄 있게 서 있고요. 반장이 되고 보니 정말 바쁘지만, 친구들보다 중요한 일을 하는 높은 사람이 된 것 같아 뿌듯해요.

그런데 민준이 마음에 안 드는 일이 하나 있어요. 그건 바로 회장인 시원이 존재예요. 평소엔 자기가 대장인 것 같은데 매주 월요일에 학급회의 할 때 의젓하게 회의를 이끌어가는 시원이를 보면 괜히 심통이 나요. 그뿐이 아니에요. 한 달에 한 번씩 각 반 반장, 부반장들이 모여 전교회의를 할 때 시원이의 존재는 더 빛이 나는 것 같아요. 선생님은 괜히 시원이의 회의 진행을 방해하고 시비를 거는 민준이의 마음을 짐작하고 계셨어요.

"아이고 애들 키우다 보니 별일이 다 있네요. 죄송합니다. 잘 타이르겠습니다."

선생님과 이야기를 나누면서 사정을 알게 된 민준이 엄마가 사과하셨어요. 민준이 엄마와 헤어지고 돌아가는 길에 선생님은 민준이를 만났어요.

"우리, 성당에 놀러 가자."

민준이는 내키지 않았지만 지은 죄가 있어 거절을 못 하고 머뭇머뭇 선생님을 따라갔어요.

"신부님, 예수님의 제자들도 예수님 안 보는 데서 서로 자기가 잘났다고 싸웠다고 하셨죠?"

신부님은 풀 죽은 민준이를 보고 녀석들이 다투었나 보다 짐작하시고 고개를 끄덕이셨어요.

"예수님께서 제자들에게 무슨 일로 길에서 다투었느냐고 물으셨죠. 제자들은 누가 가장 큰 사람이냐 하고 다투었기 때문에 부끄러워서 대답을 못 했어요. 예수님께서 열두 제자를 불러놓고 누구든 첫째가 되고자 하면, 그는 모든 사람의 꼴찌가 되어서 모든 사람을 섬겨야 한다고 하셨대요."(마르 9, 33-35)

"봐, 민준아. 훌륭한 예수님의 제자들도 잘못하고 배우고 고치면서 사셨는데 우리가 어떻게 처음부터 잘할 수 있겠어? 이런 일은 우리가 배우라고 일어난 일이야. 그러니까 기운 내. 민준이 덕분에 우리 반 모두 공부를 할 기회가 생긴 거야."

선생님의 위로와 격려가 민준이 마음에서 먹구름을 몰아내 주었어요.

"선생님, 시원이한테 사과할게요."

민준이가 일어나 나간 뒤에 선생님은 신부님께 말씀하셨어요.

"아이들 모습이 제 모습이에요."

노자 할아버지께서 말씀하셨어요.

까치발로는 오래 서지 못하고 가랑이를 힘껏 벌려 성큼성큼 걷는 걸음으로는 오래 가지 못한다.

"아이들이 문제를 일으킬 때마다 제가 아이들과 나란히 걷지 못하고 의욕에 차서 앞서 가고 있었다는 걸 깨닫게 돼요."

"저도 그렇습니다, 선생님. 까치발로 선다거나 가랑이를 힘껏 벌려 걷는다거나 하는 것이 내가 남보다 낫다는 생각의 표현 아니겠어요? 선생님 덕택에 저도 다시 공부하네요."

민준이는 시원이에게 사과하러 가고, 민준이 엄마는 시원이를 초대하려고 김치만두를 빚고 계시고, 선생님과 신부님은 아이들 덕분

에 공부한다고 기뻐하시니, 어제 있었던 나쁜 일은 결국 좋은 일이
었지요?

24장 **跂者**기자**는 不立**불립**하고 跨者**과자**는 不行**불행**이니라.**

까치발로는 오래 서지 못하고

가랑이를 힘껏 벌려 성큼성큼 걷는 걸음으로는 오래 가지 못한다.

백성이 말하기를 저절로 그리되었다 한다

百姓皆曰 我自然 백성개왈 아자연

아침자습 시간에 선생님께서 문제를 내셨어요. 선생님은 가끔 이 상한 문제를 내시곤 하죠. 오늘 아침 문제는 이거예요.

다음 중에서 가장 슬기로운 선생님은 누구일까요?

① 학생들이 미워하는 선생님

② 학생들이 무서워하는 선생님

③ 학생들에게 사랑받는 선생님

④ 있는 듯, 없는 듯한 선생님

당연히 모두 ③번이라고 외쳤죠. 선생님은 웃으셨어요.

"참 쉽죠? 물론 학생들에게 사랑받는 선생님은 훌륭한 분이에요.

학생들의 마음을 잘 이해하고 북돋워 주는 분이니까 존경과 사랑을 한몸에 받겠지요? 하지만…….”

하지만, 이라고 선생님께서 말씀하시면 다른 생각을 해 봐야 한다는 뜻이에요.

“노자 할아버지의 생각은 여기에서 한 차원 더 나아가요. 사랑받는 선생님은 자기 존재가 분명한 분이지요. 반대로 할아버지께서 생각하시는 정말 슬기로운 선생님은 자기 존재를 학생들이 눈치 채지 못하게 하는 선생님이에요. 슬기로운 선생님이 가르칠 때 학생들은 그가 가르치는 줄 모른대요.”

선생님도 신부님처럼 노자 할아버지를 무척 사랑하는 분이에요. 할아버지께서는 우리 선생님의 선생님이신 거죠. 선생님이 학생들을 위해 뭔가 해 보려고 무척 애를 쓰시는데 뜻대로 되지 않아서 실망할 때 할아버지께서 말씀해 주셨대요. 슬기로운 선생님은 앞에서 힘껏 이끌어 가는 선생님이 아니라 학생들을 믿고 배움의 싹이 틀 때 그들을 거들어 주는 선생님이라고요. 그런 선생님은 학생들로 하여금 그들이 진작부터 알던 것을 스스로 찾아낼 수 있도록 돕는대요. 선생님이 일을 다 마쳤을 때 학생들은 이렇게 말해요.

“대단하다! 우리가 해냈어.”

선생님께 우리가 배웠다고 생각하는 게 아니라 자기들이 스스로 깨닫고 어떤 일을 해냈다고 기쁨에 차서 소리치는 거예요. 이런 선생님 어때요? 정말 멋지죠?

공을 이루되 머물지 않는다.

노자 할아버지의 말씀이에요. '공功'이란 뛰어난 업적, 아름답고 훌륭한 일을 말하지요. 사람이 공功을 이루고 난 뒤에, 자신이 한 일이라고 으스대면서 그 자리에 머물러 있지 않아야 한다는 뜻이에요. 아무리 훌륭한 사람이라도 자기 혼자만의 힘으로 무엇을 이루는 일은 없으니까요.

오늘 국어 시간에 모둠별로 공동창작시 쓰기를 했어요. '우리 동네 이야기'가 주제였어요. 머리를 맞대고 어떤 이야기를 쓸까 의논하느라고 교실이 시끌벅적했어요. 시를 쓰는 동안에는 어떤 구절은 넣고 어떤 구절은 빼야 한다며 옥신각신했고, 시를 완성한 뒤엔 시에 어울리는 그림을 그려 한 편의 시화를 만드느라 서로 색연필과 색종이를 빌리느라고 한참 또 소란했지요. 재미있는 시들이 많이 나왔어요. 미희네 모둠은 욕쟁이 할머니 댁 논에 가서 싸움하다가 논을 다 망가뜨리고 할머니께 붙잡혀 간 동네 오빠들 이야기를 썼고, 태준이네 모둠은 같은 학원에 다니는 여학생 현진이를 짝사랑하는 신석이와 명섭이가 한판 붙어서 신석이 코피가 터진 이야기를 썼어요. 모두 재미있는 시들이었어요. 공동창작시 쓰기는 수행평가 과제이기도 해서 선생님은 모둠별로 시 쓰기에 가장 공이 큰 친구에게 만점을 주라고 하셨어요. 그런데 모둠의 아이들이 서로 만점을 양보하는 거예요.

"저는 이야기만 들려 줬어요. 시로 잘 만들어 준 건 진아예요."

"그림이 예뻐서 시가 빛났어요. 그림 그린 소영이가 만점을 받아야 해요."

선생님은 기쁜 표정을 지으셨어요. 학생들이 선생님의 스승이라고 말씀하셨어요. 결국, 공동창작시 쓰기에서는 전체 학생이 기쁘게 만점을 받았어요.

자신이 가르쳤다고 생각하지 않는 선생님, 내가 한 게 아니라 친구들이 잘해 주었다고 생각하는 학생들. 노자 할아버지께서 이 이야길 들으시면 빙그레 기분 좋은 미소를 지으실 것 같아요.

공을 이루어 일을 마치되, 백성들이 모두 말하기를 저절로 그리 되었다고 한다.

다시 새겨 보아도 참 깊은 뜻이 담긴 말씀이에요. 공을 누가 세웠는지 드러나지 않아서 백성들이 '저절로 그렇게 되었구나.'라고 생각한다는 것이지요. 가장 높은, 가장 슬기로운 지도자는 바로 그런 분이랍니다.

예수님의 옷자락에 손을 대 병을 고친 여자의 이야기가 성경에 있어요. 여자는 열두 해 동안이나 하혈병을 앓으면서 돈을 많이 썼는데 아무도 고쳐 주지 못했어요. 그 여자가 뒤로 와서 가만히 예수님의 옷자락을 만지는 순간 병이 나았어요. 예수님이 여자에게 말씀하셨어요.

딸아, 네 믿음이 너를 구원하였다. 평안히 가거라.

(루카 8, 43-48)

내가 너를 고쳤다고 하지 않으셨어요. 서로 만점을 양보하는 친구들처럼, 슬기로운 선생님처럼, 예수님처럼 살았으면 좋겠어요. 작은 '나'로 살지 말고 내 안에 큰 존재를 품었으면 좋겠어요. 내 안에 계신 큰 힘이 나를 통해 하시는 일들을 바라보면서 살면 정말 행복하겠지요?

백성이 말하기를 저절로 그리되었다 한다

2장 功成而不居공성이불거

공을 이루되 머물지 않는다.

17장 功成事遂공성사수하되,
百姓백성이 皆曰개왈, 我自然아자연이라 하니라.

공을 이루어 일을 마치되, 백성들이 모두 말하기를 저절로 그리되었다고 한다.

만족을 모르는 것만큼 큰 화는 없다

禍莫大於不知足 _{화막대어부지족}

며칠 전, 냉이 한 소쿠리가 신부님께 택배로 배달되었어요. 전남 고흥으로 이사를 한 뒤 첫 겨울을 나고 있는 신부님의 친구가 직접 뜯어 보내 주신 것이에요. 신부님의 친구는 글을 쓰시는 작가 선생님이에요. 우리 동네엔 아직 산과 들에 흰 눈이 소복한데, 따뜻한 남쪽에는 봄나물이 벌써 이렇게 파릇하군요. 살짝 데쳐서 고추장과 들기름에 조물조물 무쳐 놓으면 향긋한 냉이 향이 입안에 가득 퍼지겠어요.

택배 상자 안에는 냉이만 있는 게 아니고, 작가 선생님의 마음도 함께 들어 있어요. 파랗게 돋아나는 냉이가 얼마나 반갑고 신기하셨을까요? 아마도 식구처럼 지내던 윗녘의 이웃들에게 맛보이고 싶은 마음에 소쿠리와 호미를 들고 뛰어 나가셨을 거예요. 선생님의 따스한 마음이 찬바람 씽씽 부는 들판에 봄을 성큼 끌어당기는 것 같아요.

봄, 새봄.

그 예쁘고 노랗고 보드라운 말을 떠올리자, 산골짜기를 울리는 농부의 목소리가 신부님의 귓가에 들려오는 것 같았어요.

"이랴 이, 어 쩌쩌!"

그리고 자석에 끌리듯 그 풍경 속으로 들어가, 소가 쟁기를 끌면서 밭을 가는 마을에서 냉이를 뜯으며 살고 싶어졌어요.

"이랴 이, 어쩌쩌!"

어서 앞으로 가라고 힘을 북돋워 주는 소리.

"워, 워."

걸음을 멈추라고 부드럽게 내는 소리.

사람들은 이렇게 말하겠지요?

"요즘 소가 어디 있어? 쟁기도 골동품이 되어서 민속 박물관에나 들어가 있지 않으려나?"

맞아요. 이제 아무도 소와 함께 일하지 않아요. 트랙터가 단번에 땅을 갈아엎어 주고, 모는 이앙기가 심고, 콤바인이 벼를 베고 탈곡도 해요. 농가의 가장 소중한 식구이며 든든한 일꾼이던 소들은 다 어디로 갔을까요?

　구제역[1] 때문에 수많은 가축을 땅에 묻는다는 뉴스가 들려왔어요.
소, 돼지, 염소, 양, 사슴들이 병에 걸릴 위험이 있다고 판단되어 병
이 퍼져 나가기 전에 미리 죽이는 것이지요. 산 채로 땅속에 묻혀서
고통스럽게 죽어 가는 가축들의 비명이 사람들의 귀에 쟁쟁했어요.
　예전에 닭들은 마당에서 벌레를 잡아먹고 흩어진 알곡을 주워 먹
으면서 살았지요. 저녁이 되면 어른들이 가마솥에 짚과 겨를 섞어 쇠

---

1 구제역 : 소나 돼지와 같은 가축들이 잘 걸리는 전염성이 매우 높은 병.

죽을 쑤는 냄새가 구수했어요. 옛날 우리 할머님, 할아버님들은 지금처럼 고기를 탐하지 않고도 건강하게 잘 사셨어요. 귀한 손님이 오시거나 식구 중에 누가 생일을 맞을 때처럼 특별한 날, 닭을 잡아 먹었고, 명절날이나 회갑 잔치처럼 기념할 만한 일이 있을 때, 소나 돼지를 한 마리 잡아서 동네 사람들이 다 함께 나누었어요.

사람들과 한 식구로 살았던 짐승들은 이제 대형 마트와 백화점에 진열되는 음식 재료에 불과해요. 항생제와 살충제를 뒤집어쓰면서 수십 마리, 수백 마리가 공장에서 생산되는 상품처럼 사육되고 있어요. 병이 생기지 않을 도리가 없지요. 말 못 하는 짐승들에게 사람들이 이렇게 잔인한 폭력을 행사할 수밖에 없게 된 이유가 뭘까요? 여러 가지 이유가 있지만, 끝까지 따지고 들어가면 결국, 우리 모두 고기를 너무 탐하기 때문이 아닐까요? 사람들이 고기를 이렇게 먹어대지 않는다면 대량 사육할 일도 없고 따라서 독한 약을 쓸 필요도 없어질 테니까요. 지난 몇 달 사이 수많은 가축을 생매장하는 일이 발생했는데도, 계속 이렇게 고기를 많이 먹어야만 할까요?

성경에 이런 구절이 있어요.

그러나 그분께서는 위의 구름에 명령하시고 하늘의 문들을 여시어 그들 위에 만나를 비처럼 내려 먹게 하시고 하늘의 곡식을 그들에게 주셨다. 천사들의 빵을 사람이 먹었다. 그들에게 음식을 배부르도록 보내셨다.…… 그러나 그들은 입에 먹을 것이 들어 있는데도 욕심을 멀리하지 않았다. 하느님의 분노가 그들을 거슬러 치솟아 그들 가운데 건장한 사나이들을 죽이시고 이스라엘의 젊은이들을 거꾸러뜨리셨다.

(시편 78, 23-31)

부끄러운 일이에요. 입속에 음식이 있는데도 만족할 줄 모르고 끝없이 탐하는 마음, 바로 우리 모습이 아닐까요? 대량으로 사육되는 소들이 먹어 치우는 농작물을 사람이 먹는다면 세계의 기아 문제가 해결될 수도 있다고 하니, 고기는 천사의 음식이 아닌 것 같아요.

노자 할아버지께서는 말씀하셨어요.

천하에 도道가 있으면, 달리던 군마軍馬를 되돌려 밭을 갈고, 천하에 도道가 없으면, 군마가 전쟁터에서 새끼를 낳는다.

꼭 눈에 보이는 총과 핵무기로 싸움하는 곳만 전쟁터는 아니지요. 자연스럽지 못하고 평화롭지 못한 곳은 모두 전쟁터예요. 사람과 똑같이 귀한 생명을 받아 태어난 짐승들에게 성장 촉진제를 주사하고, 살충제에 찌든 독한 사료를 먹이는 이 세상, 그 고기가 없으면 반찬 투정을 하는 우리들이 사는 세상, 이곳이 바로 전쟁터예요.

만족할 줄 모르는 것만큼 큰 화가 없고, 욕심을 내어 얻고자 하는 것만큼 큰 허물이 없으니, 그런 까닭에 넉넉함을 넉넉함으로 알면 언제나 넉넉하다.

신부님이 수첩에 적어 두고 늘 읽으시는 노자 할아버지의 말씀이에요. 고흥에서 보내 준 향긋한 냉이를 반찬으로 맛있게 밥 한 그릇 비우면서, 신부님은 '이것이 바로 천사의 음식이구나!' 하고 생각하셨어요. 할아버지 말씀처럼 이웃과 냉이 한 소쿠리를 나눌 수 있는 넉넉함, 더 이상의 욕심이 없어 언제나 넉넉한 친구의 삶이 신부님의 마음에 기쁨과 평화를 주었어요.

46장 天下천하에 有道유도면 却走馬以糞각주마이분이요,
天下천하에 無道무도면 戎馬生於郊융마생어교니라.

천하에 도道가 있으면, 달리던 군마軍馬를 되돌려 밭을 갈고,
천하에 도道가 없으면, 군마가 전쟁터에서 새끼를 낳는다.

禍莫大於不知足화막대어부지족하고,
咎莫大於欲得구막대어욕득이니,
故고로 知足之足지족지족이면 常足矣상족의이니라.

만족할 줄 모르는 것만큼 큰 화가 없으니,
욕심을 내어 얻고자 하는 것만큼 큰 허물이 없다.
그런 까닭에 넉넉함을 넉넉함으로 알면 언제나 넉넉하다.

잘난 사람을 떠받들지 않음으로써
백성이 다투지 않고

不尙賢 使民不爭 불상현 사민부쟁

이제 곧 겨울 방학이 되겠지요? 방학하는 건 좋은데 방학식을 길게 하는 것은 참 괴로워요. 방학식 날엔 상 받는 친구들이 왜 그렇게 많은지, 공부 잘해서 상 타는 친구도 있고, 운동을 잘해서 외국에까지 나가 상을 받아 오는 친구들도 있어요. 글짓기를 잘하는 친구, 그림을 잘 그리는 친구. 부럽고 샘이 나요. 상 타는 친구들에게 박수를 쳐 주려고 방학식을 하는 것만 같아요. 상은 대부분 경쟁에서 다른 사람들보다 점수를 더 많이 받은 사람들에게 돌아가지요. 상을 받는 사람들은 기분이 좋을 거예요. 부모님께서도 기뻐하시고 무슨 일이든 해 낼 수 있다는 자신감도 생기니까요.

그런데 상이 정말 좋기만 한 걸까요? 어느 큰 회사에서 '2등은 아무도 기억해 주지 않는다.'는 광고를 했었죠. 무서운 말이에요. 1등만 기억하는 세상이라면 1등을 뺀 나머지 사람들의 노력과 열정, 그것에서 비롯되는 기쁨은 가치가 없다는 말인가요? 1등 하는 사람 혹은 상을 받는 사람이 그 자리를 지키려면 또 얼마나 힘이 들까요?

"만일 어떤 사람들이 자기의 또래들과 발맞추어 걷지 않는다면 아마도 그는 그들과는 다른 고수鼓手[1]의 북소리를 듣고 있는 건지도 모른다. 그 박자가 고르거나 늦거나 그로 하여금 그가 듣는 북소리에 발맞추어 걷도록 내버려 두라. 그가 남과 보조를 맞추기 위해 자신의 봄을 여름으로 바꾸어야 한단 말인가."

이것은 《월든》의 작가, 헨리 데이비드 소로가 한 말이에요. 밭에 가 보면 모든 작물이 한꺼번에 꽃을 피우고 열매를 맺진 않아요. 저마다 꽃 피고 열매를 맺는 시간이 다르지요. 먼저 익는다고 우쭐대지 않고, 나중에 익었다고 기죽지도 않죠. 오직 사람들만이 억지로 똑같은 목표를 주고, 먼저 도달한 사람에게 상을 주어 경쟁을 시키지요.

노자 할아버지께서 말씀하셨어요.

잘난 사람을 떠받들지 마라, 백성들이 서로 잘난 사람이 되려고 다투게 된다. 얻기 힘든 것을 귀하게 여기지 마라, 백성들이 귀

---

1 고수 : 북을 치는 사람.

한 것을 얻으려고 도둑질하게 된다. 욕심낼 만한 것을 보이지 마라, 백성들의 마음을 어지럽히게 된다.

공기가 없으면 우리는 숨을 쉴 수 없어요. 그래서 하느님께서는 이 세상을 맑고, 시원한 공기로 가득 채우셨어요. 물도, 빛도, 사람에게 꼭 필요한 것을 풍족하게 주셨어요.

그런데도 사람들은 금, 다이아몬드처럼 얻기 힘든 것들만 귀하게 여기고, 값을 비싸게 매겨요. 그것들을 차지하고 싶은 욕심을 품고요. 욕심이 생기면 마음이 어지럽게 들끓지요. 사람들이 하는 일이란 참 이상하지 않나요?

아기 예수님의 탄생을 먼저 안 목자들은 사실 보잘것없는 사람들이었어요. 성경에는 아기 예수님의 탄생을 이렇게 기록하고 있어요.

마리아는 해산날이 되어, 첫아들을 낳았다. 그들은 아기를 포대기에 싸서 구유에 뉘었다. 여관에는 그들이 들어갈 자리가 없었다. 그 고장에는 들에 살면서 밤에도 양 떼를 지키는 목자들이 있었다. 그런데 주님의 천사가 다가오고 주님의 영광이 그 목자들의 둘레를 비추었다. 그들은 몹시 두려워하였다. 그러자 천사가 그들에게 말하였다. "두려워하지 마라. 보라, 나는 온 백성들에게 큰 기쁨이 될 소식을 너희에게 전한다. 오늘 너희를 위하여 다윗 고을에서 구원자가 태어나셨으

니, 주 그리스도이시다. 너희는 포대기에 싸여 구유에 누워 있는 아기를 보게 될 터인데, 그것이 너희를 위한 표징이다.

(루카 2, 7-12)

아기 예수님께서 가난한 요셉과 마리아의 아들로 태어나 말먹이를 담는 구유에 눕혀졌다는 것과 천사들이 그 소식을 평범한 목자들에게 전해 줬다는 말씀이 우리에게 전하고자 하는 속뜻은 무엇일까요? 평화롭고 깨끗한 마음, 겸손하고 진정한 기쁨이 있는 마음을 가진 사람이라면 누구나 하느님의 아름다운 일을 함께할 소중한 사람이란 뜻이 아닐까요? 그보다 더 기쁜 상은 없겠지요? 잘난 사람을 떠받들지 말라는 것은 힘들고 고독한 상을 욕심내도록 부추기지 말고 모두 함께 아름다운 상을 누리라는 말씀이랍니다.

잘난 사람을 떠받들지 않음으로써 백성이 다투지 않고

3장 不尚賢불상현하여 使民不爭사민부쟁하라.
不貴難得之貨불귀난득지화하여 使民不爲盜사민불위도라.
不見可欲불현가욕하여 使民心不亂사민심불란하라.

잘난 사람을 떠받들지 않음으로써
백성들이 서로 잘난 사람이 되려고 다투지 않게 하라.
얻기 힘든 것을 귀하게 여기지 않음으로써
백성들이 귀한 것을 얻으려고 도둑질하지 않게 하라
욕심낼 만한 것을 보이지 않음으로써
백성의 마음이 어지럽지 않게 하라.

작은 나라 적은 백성

小國寡民 _{소국과민}

우리 동네 자은이 아저씨와 영옥이 아줌마는 신혼부부이신데, 대학교를 졸업하고 농사를 지으려고 고향으로 돌아오셨어요. 부모님께서 처음엔 속상해 하셨지요. 아저씨와 아줌마는 공부를 잘했거든요. 얼마든지 좋은 직장에 취직하고 돈도 많이 벌 수 있는데, 왜 시골에 내려와 고생하려고 하는지 알 수가 없으셨어요. 남들은 땅을 팔아서 도시로 나가기도 하는데 말이지요. 하지만 자은이 아저씨와 영옥이 아줌마 부부는 무척 행복해 보여요. 늘 활기가 넘쳐요. 학생들과 어른들께 사물놀이도 가르쳐 주시고, 결혼하는 사람들을 위해 전통 혼례도 올려 주시죠.

노자 할아버지께서 보시면 아저씨와 아줌마가 아름다운 꿈을 꾸는 사람들이라고 할 거예요. 할아버지께도 꿈이 하나 있었어요.

　"나의 꿈은 '많지 않은 사람들이 행복하게 사는 조그만 나라'에서
함께 어울려 사는 것이란다."
라고 말씀하셨어요. 바로 우리 동네처럼요. 할아버지께서는 우리 동
네 같은 곳이 많이 생겼으면 좋겠다고 하셨어요. 아저씨와 아줌마 같
은 사람들이 하나둘 늘어나면 그런 마을이 저절로 생기겠지요.

　사람들로 하여금 옛날처럼 다시 노끈을 매듭지어 쓰게 한다. 자기가 먹는 음식을 달게 먹고 자기가 입는 옷을 아름답다고 생각하고 입으며 자기가 사는 곳을 평안하게 여기며, 그 풍속을 즐긴다. 이웃 나라가 서로 바라보이고, 닭 울고 개 짖는 소리가 서로 들릴 만큼 가까울지라도 백성이 늙어 죽을 때까지 서로 오가지 않는다.

노자 할아버지께서 꿈꾸시는 작은 나라의 모습이에요. 옛날, 중국에 아직 문자가 없었을 때는, 노끈을 매듭지어서 서로 의사를 전달했대요. 문자는 지식의 출발이지요. 인간의 얕은 지혜를 상징하기도 해요. 옛날처럼 노끈을 매듭지어 쓰게 하자는 것은 인간의 지혜란 것이 사람살이를 크게 어긋나게 하기 이전의 세상으로 돌아가자는 말씀이에요. 도道가 사라지기 이전의 세상으로요. 그렇다고 전기도 쓰지 말고 핸드폰도 사용하지 말고 모두 원시시대로 돌아가자는 뜻은 아니에요. 자은이 아저씨와 영옥이 아줌마 댁에는 새로 장만한 살림이 거의 없어요. 결혼하면 장롱이랑 침대랑 텔레비전에서부터 그릇, 수저에 이르기까지 모두 새것으로 바꾸는 것이라고 사람들은 알고 있는데 아저씨 댁은 두 분이 결혼하기 전에 쓰던 물건을 그대로 쓰고 있어요. 새롭고 편리한 물건이 나올 때마다 그걸 욕심내면 더 많은 돈벌이를 해야겠죠. 더 많은 돈을 줄 수 있는 직장을 차지하려고 경쟁해야겠죠. 그건 도道를 떠난 삶이라고 노자 할아버지는 말씀하셨어요.

자은이 아저씨는 영옥이 아줌마가 차려 주는 밥이 참 맛있다고 하셨어요. 아줌마가 특별한 반찬을 차리는 것도 아닌데 된장찌개와 김치와 반찬 한두 가지 놓인 밥상이 꿀처럼 달대요. 어르신들은 신혼이라 그렇다고 놀리시지만, 신혼이 지나도 아저씨 아줌마는 그렇게 사실 것 같아요. 깨끗이 빨아 다려 입는 소박한 옷, 늘 웃는 얼굴, 노자 할아버지께서 자은이 아저씨와 영옥이 아줌마를 무척 아끼시는 이유를 알겠어요.

　아저씨의 부모님은 공부를 잘한다고 소문났던 아들이 판사나 의사, 아니면 교수가 될 거라고 늘 기대하셨어요. 도시에 나가 아버지와는 다른 편안한 삶을 살 거라고 믿으셨어요. 부모님이 생각하시는 것과 모양은 다르지만, 아저씨와 아줌마는 고향에 돌아와 아주 편안하게 잘살고 있어요.

　아저씨와 아줌마 같은 사람들은 남들이 보기에 고생스러울 것 같은 좁은 길을 아주 넓게, 편안하게 걸어가면서 주위 사람들과 행복을 나눠요. 또 어떤 사람들은 남들이 부러워하는 길 위에서 끝없이 경쟁하며 몸과 마음이 지쳐가죠. 서로 바라보이고, 닭 울고 개 짖는 소리가 서로 들릴 만큼 이웃 나라가 가까워도 늙어 죽을 때까지 서로 오가지 않는 것은 그곳에 가서 따로 구할 것이 없기 때문이겠죠. 지금 여기가 행복하고 만족스러우면 굳이 다른 곳에 갈 이유가 없어요.

　자은이 아저씨와 영옥이 아줌마는 이미 노자 할아버지의 이상향인 '작은 나라'에 사는 분들인 것 같아요.

80장 使民復結繩而用之사민부결승이용지하고 甘其食감기식하고
美其服미기복하고 安其居안기거하고
樂其俗락기속이니라.
隣國인국이 相望상망하고 鷄犬之聲계견지성이 相聞상문이로되
民至老死민지노사토록 不相往來불상왕래니라.

사람들로 하여금 옛날처럼 다시 노끈을 매듭지어 쓰게 하고,
자기가 먹는 음식을 달게 여기고
자기가 입는 옷을 아름답다고 생각하고 입으며
자기가 사는 곳을 평안하게 여기며, 그 풍속을 즐거워하게 하니,
이웃 나라가 서로 바라보이고,
닭 울고 개 짖는 소리가 서로 들릴 만큼 가까울지라도
백성이 늙어 죽을 때까지 서로 오가지 않는다.

도道를 도라 하면 도가 아니다

道可道, 非常道 도가도, 비상도

　　소희 이모는 이모부와 함께 전라남도 영암에서 무화과 농사를 짓고 계셔요. 단풍이 들기 시작할 즈음이면 어김없이 무화과 선물이 도착해요. 이웃들과 나눠 먹을 수 있도록 넉넉하게 보내오시기 때문에 소희는 무화과를 들고 심부름하러 다니곤 해요. 신부님께도 한 바구니, 슬비네 집, 민준이네 집에도 한 바구니, 투이 아줌마네, 자은이 아저씨 댁에도 한 바구니씩 갖다 드리면 얼마나 기뻐하고 고마워하시는지 소희는 무화과 심부름이 정말 즐거워요. 잘 익은 무화과는 정말 달콤해요. 그런데 소희는 무화과를 먹을 때마다 무화과나무에게 화를 내시는 예수님이 생각나곤 해요.

　　그들이 베타니아에서 나올 때에 예수님께서는 시장하셨다. 마침 잎이 무성한 무화과나무를 멀리서 보시고, 혹시 그 나무에 무엇이 달렸을까 하여 가까이 가 보셨지만, 잎사귀 밖에는 아무것도 보이지 않았다. 무화과 철이 아니었기 때문이다. 예수님께서 그 나무를 향하여 이르셨다. "이제부터 영원히, 어느 누구도 너에게서 열매를 따 먹는 일이 없을 것이다." 제자들도 이 말씀을 들었다.

(마르 11, 12-14)

아직 철이 되지 않아 열매를 맺지 않았을 뿐인데 왜 저주를 내리시고 나무가 말라 죽게 하셨을까요? 신부님께 여쭈어 본 적도 있는데 신부님도 잘 모르겠다고 하셨어요. 무화과의 처지에서 생각해 보신 적은 있대요. 무화과는 억울하지 않을까요? 그런데 신부님의 마음속에서 무화과는 억울하지 않다고 대답했다고 하셨어요.

"모든 일을 다 이해할 수는 없어요. 예수님을 통해 세상에 흐르는 것은 사랑이라고 생각해요. 그것은 믿을 수 있어요. 내게 일어난 일을 이해할 수 없다고 해서 그 생각이 변하지는 않아요."

"죄도 없이 말라 죽었는데도?"

"눈에 보이는 것이 전부가 아니에요. 내게 중요한 것은 내가 죽었다는 사실이 아닙니다. 그분이 하는 일, 앞으로도 하실 일이 사랑이라는 것을 내가 알고 있다는 사실이 중요해요."

"그러면 당신이 그렇게 생각하는 것도 사랑인가요?"

"그럼 뭐가 사랑이죠?"

신부님과 무화과나무는 그런 이야기를 나누었대요. 소희는 갑자기 사랑이 무엇인지 궁금해졌어요.

"보고 싶고, 아껴주고 도와주는 것이 사랑 아니에요? 무화과는 왜 저주를 받고도 예수님이 자기를 '사랑'하신다고 생각하는 건지 모르겠어요."

"무화과가 사랑이라고 생각하면 사랑이 아닐까? 소희가 이해할 수 없더라도 말이야."

신부님은 덧붙여 말씀하셨어요. 천사를 만나려면 내 마음속에 있는 천사의 모습을 지워야 한다고요. 어깨에 하얀 날개가 달리고 금발이 곱슬곱슬한 천사의 모습을 마음속에 가지고 있으면 청소하는 아줌마의 모습이나 허름한 옷을 입은 할아버지의 모습인 천사를 절대로 알아보지 못한다고요. '사랑이란 이런 것이다.'라고 정해 놓고 있으면 정해진 생각에서 벗어난 사랑은 도무지 이해할 수 없다고 하셨어요.

편백나무 숲에 가 보면 큰 나무들 아래 씨앗이 떨어져 싹튼 어린 편백나무들이 자라고 있어요. 그러나 귀여운 아기편백나무들은 큰 나무들 틈에서 잘 자라지 못해요. 무성한 나무 그늘 틈으로 들어오는 햇빛의 양이 너무 적거든요. 아기나무들이 죽지 않도록 큰 나무들이 팔을 벌리고 햇볕을 나눠 줘야 사랑 아니겠어요?

하지만 숲 속에선 그런 일이 일어나지 않아요. 숨 쉴 틈도 없이 나무들이 빼곡하게 들어차면 결국 모든 나무가 죽게 되겠지요. 그래서 노자 할아버지께서는 사람이 어떤 말과 생각에 사로잡히는 것을 경계하셨죠.

도道를 도라고 하면 도가 아니다.

그 말씀은 다시 말하면, "말로 표현된 도道가 도, 그 자체는 아니다.", "도는 사람의 말로는 완전하게 표현할 수 없다."는 뜻일 거예요.

이름을 붙이면 이름이 곧 이름의 주인은 아니다.

그 말씀도 마찬가지겠지요. '사랑'은 사람이 붙인 이름일 뿐, 사랑이란 것의 진짜 모습과는 아무 상관도 없는 것이지요. '무화과'라는 이름과 무화과는 아무 상관이 없어요. 우리가 그렇게 부를 뿐.

우리가 하는 생각이란, 우리가 하는 말이란, 사실은 진리에서 멀 수 있다는 것을, 무엇을 안다고 생각하는 것보다 모른다고 생각하는 게 옳다는 것을 성경의 무화과는 말하고 있는 것이 아닐까요?

소희는 무화과가 예수님의 사랑을 받지 못했다는 생각을 버리기로 했어요. 신부님의 말씀을 들으니 자기가 생각하는 것과는 다른 차원의 사랑을 무화과나무가 이야기하고 있는 것 같았어요. 노자 할아버지랑 신부님이랑 선생님께서도 도道에 대해서 자주 말씀하셨지만 도란 이런 것이라고 한 마디로 정의를 내린 적은 한 번도 없었어요.

그렇지만 친구들 사이에 다툼이 일어날 때, 선생님과 이야기를 나누면서 억울한 마음이 가라앉고 친구들이 다시 좋아지면 그 마음의 변화 속에 도道가 있다는 것을 어렴풋이 느낄 수 있었어요. 할머니가 돌아가셨을 때, 신부님의 위로를 받으면서 할머니가 돌아가신 것이 아니라 온 세상에 가득한 존재가 되셨다는 것을 깨달았을 때도 그랬어요. 노자 할아버지께서 이 세상 사람들을 잘 생긴 사람과 못난 사람, 착한 사람과 악한 사람으로 나눌 수 없다고 하셨을 때도 그 말씀 안에 도가 있었어요. 하늘만큼 툭 트이고 땅만큼 넓고 새보다 자유로운 생각을 도라고 하는 거라고 소희는 생각해요.

"도를 닦는다는 것은 아주 아름답고 멋진 사람이 되는 공부를 하는 거죠?"

무화과를 오물거리면서 종알거리는 소희에게 신부님은 엄지손가락을 치켜세워 주셨어요.

1장 道可道도가도는 非常道비상도라.

도道를 도라고 하면 도가 아니다.

名可名명가명이면 **非常名**비상명이라.

이름을 붙이면 이름이 곧 이름의 주인은 아니다.